KB076254

배워서 남 주자

배워서 남 주자

초판 1쇄 인쇄 · 2024년 5월 22일
초판 1쇄 발행 · 2024년 5월 28일

지은이 · 김익승
펴낸이 · 천정한
엮은이 · 서울경기글쓰기교육연구회
펴낸곳 · 도서출판 정한책방

출판등록 · 2019년 4월 10일 제446-251002019000036호
주소 · 충북 괴산군 청천면 청천10길 4
전화 · 070-7724-4005
팩스 · 02-6971-8784
블로그 · http://blog.naver.com/junghanbooks
이메일 · junghanbooks@naver.com

ISBN 979-11-87685-81-4 03370

김익승 교육 이야기

배워서 남 주자

김익승 씀

정한
책방

"배워서 남 주자" 교육 실천가, 김익승 선생님

　나는 김익승 선생님을 생각하면 가장 먼저 떠오르는 말이 '배워서 남 주자'입니다. 선생님이 해마다 펴내시던 학급문집 제목 '배워서 남 주자'이기도 하지만 그 삶이 그러하기 때문입니다. '배워서 남 주냐'는 속담을 뒤집는 이 말은 초원봉사회 정신이기도 합니다.

　1980년대 나와 만나는 가까운 교사들은 초원봉사회, 한국글쓰기교육연구회, 어린이도서연구회 활동에 참여하게 되었고, 나아가 전국교직원노동조합에 함께하는 경우가 많았습니다. 모두 이오덕 선생님 참교육을 바탕으로 하는 단체들이었습니다. 선생님은 이런 교육 단체 활동에 참여하면서 참교육 정신을 학급 현장에서 자기 것으로 녹여내어 실천하기 위해 온 힘을 다 했고, 그만큼 가슴앓이를 많이 하며 교사의 길을 뚜벅뚜벅 걸어내셨습니다. 이 책은 1970년대부터 40여 년을 그렇게 살면서 교실을 지키며 가꾸어 내신 수많은 이야기들을 담아내 보여주는 유리그릇입니다. 그 속에 담긴 작은 이슬방울 같은 이야기들입니다.

우리 늙은 교사들이 지난 40여 년 동안 교사로서 조금이라도 죄를 덜 지으면서 우리 아이들을 위해 참된 교사로 살아보기 위한 몸부림을 치면서 느꼈던 기쁨과 슬픔과 보람과 분노와 미안함과 죄의식까지 들여다 볼 수 있는 소중한 기록을 이렇게 잘 정리해 준 네 분 젊은 교사들이 고맙습니다. 그동안 김익승 선생님 실천 기록을 보면서 몇 차례 책으로 펴내려는 작업을 했습니다. 그러나 이상하게도 그때마다 이런저런 일이 생겨서 마무리하지 못했기 때문입니다.

이 책이 김익승 선생님 기록이기도 하지만 동시대를 살았던 당시 수많은 젊은 교사들, 우리 한국글쓰기교육연구회 회원들 역사와 삶을 볼 수 있는 소중한 기록이기도 합니다. 이 기록이 이 시대 교사로 살아가기로 결단한 젊은 교사들에게도 '교사로 어떻게 살아갈 것인가?'를 성찰하는 데, 그리고 참된 교사로서 살아가는 나침반이 될 수 있기를 기대합니다.

대한민국 105년, 2023년 3월 1일

이주영 (어린이문화연대 대표)

누구보다도 아이들과 자연을 사랑한 김익승 선생님

1985년에 김익승 선생님을 처음 만났습니다. 첫인상이 워낙 강했기에 지금도 첫 만남을 기억합니다. 그해 12월 어느 날 김 선생님은 서점에서 구할 수 없는 책을 사려고 '인간사'라는 출판사에 갔다가 우연히 이오덕 선생님을 처음 만나게 되었다고 합니다. 저도 그날 처음 김 선생님을 만났습니다. 김 선생님은 늘 가슴에 품고 다니던 사직서를 꺼내 보여주면서 잘못된 교육 현장에 대해 울분을 토하셨습니다. 그날 그 모습이 오래된 사진처럼 제 기억에 남아 있습니다.

글쓰기회도 사람들이 모인 곳인지라 여러 가지 문제가 끊이지 않았습니다. 김익승 선생님이 한국글쓰기교육연구회 총무를 맡았던 1989년은 문익환 목사 방북, 전교조 결성, 교사 해직 같은 큰 사건이 잇달아 우리 사회 전체가 무척 시끄러웠습니다. 그런 속에서도 글쓰기회 집행부 심부름꾼들은 연수회와 강연 행사를 부지런히 벌여 회원을 많이 늘렸습니다. 어느 해 연수에는 300명이 넘는 회원이 참석하기도 했습니다. 총무를 맡아 바쁘게 일한 김 선생님은 큰 보람을 느꼈을 것입니다. 그런데 1991년 초에 회계를 맡았던 간사가 글쓰기회 기금과 회비를 몽땅 써버리고 달아난 사건이 일어났습니다. 그 일로 무척 상심했던 김 선생님 모습도 떠오릅니다.

처음에 저는 김 선생님을 불의를 보면 참지 못하고 교장, 교감에게도 맞서 싸우는 강직한 분으로만 생각했습니다. 그 뒤 김 선생님이 아이들은 물론 둘레 선생님들에게도 무척 다정다감한 분이라는 것을 알게 되었습니다. 김 선생님은 학급문집 제목처럼 "배워서 남 주자"는 덕목을 늘 몸소 실천했습니다. 그런 김 선생님 모습은 '아낌없이 주는 나무' 같기도 합니다.

김 선생님은 일제 강점기에 《성서조선》을 펴내며 제자들과 함께 '무레사네(물에 산에)' 모임을 만들어 조선의 산하를 누비던 김교신 선생님처럼 자연을 벗 삼아 산과 들을 찾아다니는 일을 좋아합니다. 김교신 선생님처럼 눈물도 많고 사랑도 깊은 김익승 선생님. 그런 김 선생님 글을 이선구 선생님이 알뜰하게 갈무리하여 책으로 엮은 적이 있습니다.

이번에 펴내는 이 책은 이선구 선생님이 엮은 책을 바탕으로 몇몇 선생님이 글을 고르고 다듬어 새롭게 엮어낸 책입니다. 이 책은 김 선생님 개인의 역사일 뿐만 아니라 서울경기글쓰기교육연구회의 역사라고도 할 수 있습니다. 이 책을 읽고 여러 선생님들이 김익승 선생님 발자취를 '있는 그대로' 살피고 따를 수 있기를 바랍니다.

이성인 (서울경기글쓰기교육연구회 회원)

교사는 힘들어도 학생들이 즐겁도록

저는 서울 충정로, 합정에서 김익승 선생님과 함께 공부했어요. 선생님은 교실 이야기 들려주시길 좋아하셨어요. 선생님께 들은 여럿에서 몇 개는 우리 교실에서 따라서 해 우리 반 학급살이가 되었어요. 선생님 교실 이야기를 들을 때면, '선생님 교실 이야기를 더 많은 사람이 들으면 좋겠다.' 하는 생각이 절로 나요. 그뿐 아니에요. 선생님은, "난 날마다 윗옷 주머니에 사표를 넣고 다녀요. 선생답게 살지 못하거나 선생으로 살 수 없는 날이 오면 사표를 언제든지 던질 마음으로 하루하루를 살아요." 하고 말씀하셨어요. 또 '교장은 힘들어도 교사가 즐겁도록 이바지하고, 교사는 힘들어도 학생들이 즐겁도록 애써야 한다.' 하고 힘주어 말씀하셔요. 이런 마음가짐도 더 많은 사람이 들었으면 했어요.

이번에 책《배워서 남 주자》가 나와 김익승 선생님의 교실과 교육

이야기를 누구나 읽을 수 있어서 좋아요. 마지막으로 이 책이 나와 잔치를 연다면, 저는 선생님께서 좋아하신다는 '송편과 백설기'를 준비하려 해요.

이영근(초등토론교육연구회 대표)

이 책을 다 읽고 나면 선생님을 닮을 수 있을까요?

"저는 지금도 아이들 앞에 서면 가슴이 떨립니다."

10여 년 전 김익승 선생님께서 제가 준비했던 연수 자리에서 처음으로 꺼내신 말씀이셨습니다. 그 당시 10년 차였던 저에게 30년 경력이 넘는 선배님께서 하신 말씀은 참 놀라웠습니다. 당시나 지금이나 학급 운영을 잘하는 교사들이 하는 강의나 책을 보면, 저마다 자신감이 넘치고 아이들을 정말 잘 알고 있는 것처럼 말하는 사람들이 많습니다. 그런데 김익승 선생님께서는 처음 만났을 때부터 퇴임하시는 그날까지 아이들 앞에 서면 가슴이 떨리고, 죄를 덜 짓는 교사가 되어야겠다고 말씀하셨습니다. 경력이 조금씩 더 쌓이면서 그 말씀이 어떤 뜻인지 어렴풋이 알 것 같습니다.

"학교는 선생 꿈이 아니라, 아이들 꿈이 이루어지는 곳입니다."

예전엔 아이들이 아니라 자기 승진을 위해 아이들에게 여러 가지 활동을 시켜서 실적으로 만들고 그것으로 보고서를 써서 연구대회 상을 받아내는 교사들이 많았습니다. 지금도 다르지 않습니다. 목적이 승진이 아닐 뿐, 여전히 아이들을 위하는 척하지만, 유명해지기 위해, 책을 쓰기 위해 애쓰는 교사들이 있습니다. 게다가 자기 교육적 신념을 실현하기 위해 학교를 이용하는 경우도 있습니다. 늘 교육은 아이들이 먼저여야 함에도 자기만의 꿈을 실현하기 위한 수단으로 학교와 아이들을 이용합니다.

선생님께서 하신 여러 말씀들은 지금의 제가 있도록 해주신 큰 뿌리가 되었습니다. 아이들 앞에서 오만했던 교사, 어설픈 교실 경험들을 돈 받고 강의했던 교사, 교육 운동을 한답시고 자기 꿈과 이상만을 좇던 교사. 한 번씩 들려주시던 선생님의 말씀 덕분에 그럭저럭 교사 생활을 이어가고 있습니다. 이제 선생님이 그동안 살아오셨던 길과 뜻 그리고 말씀들을 책으로 만날 수 있다니 정말 다행이라고 생각합니다. 이 책에 담긴 이야기들은 앞으로 교사로서 살고자 하는 많은 후배들에게 '죽비' 같은 책이 되리라 생각합니다.

박준형 (남한산초등학교 교사, 전 인디스쿨 대표운영자)

머리말

　부족한 제가 책을 낼 기회가 여러 차례 있었는데, 하나 같이 끝까지 가지 못했어요. 여러 까닭이 있다지만 저는 무엇보다 제가 능력이 모자라서 그런가 생각하고 마음을 내려놓았습니다. 한편으로 넘치는 책 홍수 세상에 종이 쓰레기 하나 보태지 않아 다행이라는 생각도 했지요.

　선생으로 일하던 마지막 학교에서 동료 선생님 가운데 저와 글쓰기, 교실 이야기를 나누고 싶어 하는 분들이 적잖이 있었습니다. 어떤 후배는 '김익승 공부 모임'을 강력하게 권하기도 했지요. 무엇을 어떻게 해야 할까 이런저런 궁리를 하고 있을 무렵, 윤구병 선생님 말씀을 듣게 되었습니다. 서울경기글쓰기 모임을 살리는 책임이 저와 이성인 선생님한테 있다고 하셨지요. 마지막이라는 생각으로, 2015년 한 해 동안 다시 달마다 후배님들을 만나서 교실 이야기를 나누기로 했습니다. 개인으로는 힘든 속에서 열정과 피로를 오르내리며, 제가 나누고 싶은 주제로, 틀에 매이지 않고 자유롭게 나누었습니다. 저에게 '조막만 한 질문을 하면 바위처럼 대답해 주시는 분'이라고 하신 어느 선생님 말씀을 위로 삼기도 했습니다. 그렇지만 그 무엇보다 이성인 선생님이 늘 함께해 주신 것이 힘이 되었습니다. 옆에 안 계셨으면 도저히 할 수 없었을 것입니다.

이 책은 2004~2010년, 이어 2015년, 제가 서울경기글쓰기 모임 선생님들과 나눈 교실 이야기가 바탕이 되어 엮어졌습니다. 다섯 해를 건너뛴 2015년에는 앞선 이야기를 되새김하긴 했지만, 관점과 풀어내는 방식이 조금씩 다릅니다. 2020년 3월, 이선구 선생님이 저를 만나러 오겠다기에, 카페(서울경기글쓰기교육연구회 누리집)에 제가 쓴 글들을 읽고 오시면 좋겠다고 했지요. 제가 쓴 글을 모아 400쪽이 넘는 책으로 만들어 보내주신 걸 받아보고 깜짝 놀랐습니다. 일곱 해 동안 이렇게 많이 떠들었는지 몰랐거든요. 그때는 이오덕 선생님 돌아가시고, 절박한 마음으로 앞뒤 살피지도 못하면서 마구마구 쏟아내던 시간이었거든요. 시간이 흐르고 나서 보니, 모임도 시들하고, 무엇보다 카페에 실린 제 글뿐 아니라 자료들이 묵혀지고 있는 게 확 느껴지더라고요. 그런 제 마음을 기꺼이 받아주셔서 다 읽고 편집해서 책까지 만들어 주시다니요. 감동의 선물을 받고 보니, 콧날이 시큰하고 없는 기운이지만 덥석 업어드리고 싶은 마음이었습니다.

이 글들을 그대로 원하는 회원들끼리 제본해서 나눠 읽으려다가, 두 분에 두 분이 더 참여해서 좀 더 꼼꼼하게 읽어 보시고, 원고를 어떻게 할지 생각해 보고 싶다고 하시네요. 글쓰기회라는 틀에 갇힐까 봐 모임과 관계없는 선생님 한 분을 함께하시게 배려하신 깊은 생각에 고개를 끄덕였습니다. '스님이 제 머리를 못 깎는다'는 말처럼 도저히 손댈 수 없을 지경인 제 글을, 저 대신 객관으로 읽어주실 분들이 계시니 얼마나 고마운지요. 뺄 것은 빼고, 보탤 것은 보태고, 다듬은 지 두 해가 넘도록 네 분이 일하고 계신 건 알고 있었지만, 도대체 마무리가 다 돼 간다는데 왜 제겐 안 보여주는지, 얼마 전에는 슬며시 서운한 마음이 생기더라고요. 그래도 기다리는 김에 끝까지 기다리자 하는 참에 지금까지 진행된 원고를 보내 주서서 읽게 되었어요. 제 글인데 잘 안 읽히던 부분들이 편안하게 읽히네요. 내용은 뭉뚱그려 있고, 길고 어수선하던 글은 주제 갈래에 따라 몇 편의 글로 다시 태어나기도 했어요. 무엇 하나를 갖게 되면 끝까지 버리지 못해 절절매던 저를 닮은 제 글의 군더더기들을 과감하게 버려 주심에 어깨가 가벼워지네요. 한 분 한 분이, 그렇게 네 분이 서로서로 얼마나 진지하게 주장과 느낌과 사실들을 나누셨을지 짐작이 갑니다.

제가 요즘 이 책을 기다리며 덜 외로워지고 있다는 생각에 기쁘기도 하지만, '더 외로워야' 올바른 삶을 살고 있는 증거라는 이오덕 선생님 말씀이 떠오르네요. 어렵겠지만 조심하며 살겠습니다.

(2023.02.06.)

목차

1부

사람, 김익승

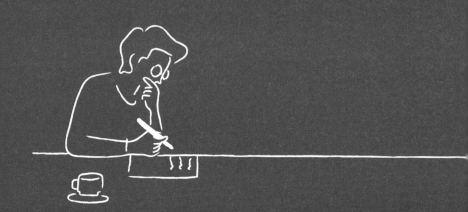

1부

사람,
김익승

있는 그대로

있는 그대로

글 김익승

한 주일에 서른 시간 가까이,
더러는 열 과목도 넘게 가르치면서,
이 엄청난 옳지 못함을 조금도 뜯어고치지 못하고
내 가슴만 쥐어뜯고 있지.

서른 해 넘도록 선생 노릇 했는데,
어쩌면 이리도 요령이 없나.

자신 넘치는 것은 하나도 없고
'죄 많은 선생' 어쩌고 적어놓은 글들을 보니
정말로 나는 죄가 많구나.

아이들 돌아간 빈 교실에서
전학 간 동호 생각을 한다.
개구쟁이 울보 정수 생각을 한다.
숨이 차다, 머리도 조금 아프다.
지지리도 못났으면서
무슨 염치로
제자들을 그리워하나.

청소한 교실인데도
허리 굽혀 조금만 살펴보아도
흘려버린 지우개, 연필, 바둑돌, 공깃돌, 성냥개비들이
금세 한 움큼이다.
언제는 주우면서 화가 나던데 오늘은 아무 생각도 안 난다.

구석구석 쓰레기처럼 박혀 있는 것들을

내가 왜 줍지.

줍는 일은 옳은가, 그냥 놔두면 어찌 될까.

'함께 쓰는 공'을 거의 다 잃어버리고도

찾지 않는 우리 반 아이들처럼,

잃어버린 것들을 이젠 그만 찾고도 싶다.

왜 아이들에게

책상 서랍도, 사물함도, 파일 상자도,

반듯하게 정리해야만 한다고 가르칠까.

지 멋대로 눕고 거꾸로 서 있는 학급문고 책들을 모른 체하고,

굴러다니는 교실 쓰레기 따위에 신경 덜 쓰면 좋겠는데.

이런 하찮은 것에 집착하면서 어떻게

'버릇이 좀 없어도 할 말은 하는 아이들'로 자라게 할 수 있겠나.

아이들이 날뛰어도, 숙제를 안 해와도

웃으며 타일러야 하는데 흥분한 적은 없는지.

우리 아이들 '있는 그대로'를

언제쯤 온전히 사랑할 수 있을까.

아이들 앞에 엉거주춤 부끄럽게 서 있는 내 모습에

눈물이 나려 하면 정말로 안 되겠지.

(2007. 9. 18.)

참교육의 지혜 주소서[1]

주여! 저는 힘 약한 이름 없는 교사입니다.

새해엔 우리 교사들에게 참교육의 지혜를 주소서! 그 누구에게 구걸하기보다는 우리 스스로 쟁취할 수 있도록 힘과 용기를 주소서! 우리 사랑하는 제자들 앞에서 두려움 없이 진리를 실천하고 가르치는 스승이 되고 싶습니다. 어려서부터 참된 용기와 지혜를 심어주어 참마음 가진 이들이 넘치는 세상을 만드는 데 밀알이 될 사람은 다름 아닌 우리 교사들이라 생각합니다. 어떤 어려움도 견디며 참교육을 꼭 실천하겠습니다.

....

1　평화신문 1989년 1월 기고문

새해엔 교육관료들, 학부모들 모두가 민주·민족·인간화 교육에 함께 할 수 있게 용기를 주소서!

교육관료들은 그 누구 위에도 군림하지 않고, 우리 교사와 더불어 이 땅의 참교육을 위한 충실한 머슴이어야 함을 깨우쳐, 그들 본래의 역할을 다 할 수 있게 하여 주소서!

학부모들은 내 아이를 진정으로 사랑하는 길은 남의 아이를 내 아이처럼 열심으로 사랑하는 데에 있음을 알고, 남의 아이들에게도 참사랑을 아낌없이 나눠줄 줄 아는 분들이 되게 하여 주소서! 이 세상 모든 어버이들이 이 세상 모든 아이들의 어버이 됨이 참삶임을 깨닫고 행할 때에, 내 아이도 수많은 어버이들의 엄청나게 큰 사랑 속에서 행복하게 자라나고 있음을 발견하게 될 것입니다.

새해엔 우리 사랑하는 아이들이 남 도울 줄 아는 사람 되게 하여 주소서! 그동안 우리 죄 많은 선생들에 의해 그들 가슴에는 커다란 못들이 꽤 많이 박혔습니다. 빼 주겠습니다. 그 못 박혔던 자국들을 어루만져 주겠습니다. 이 못난 선생 거듭 태어나는 마음가짐으로 사랑으로 배우며 가르치겠습니다. 우리 아이들에게도 나보다는 이웃을, 조국을, 동포를 더 많이 얘기하고, 이젠 수학 공식, 영어 단어 하나 더 외우는 것 못지않게 이웃이나 벗들의 아픔도 알고, 기쁨과 슬픔 나누기를 즐겨 하게 하소서! 앞서가는 친구만 바라보지 말고, 뒤처진 친구를 이끌어 주며 좀 늦더라도 함께 갈 수 있는 삶이 가장 멋진 삶임을 깨닫게 하여 주소서!

주여! 한없이 죄 많고 부족한 선생이지만, 속죄하는 마음으로 참교육을 위해 끊임없이 기도하고 노력하겠습니다.

기사년 새해 아침

힘 약한 이름 없는 교사 올림

참 선생 노릇의 어려움

"김 선생님, 술 먹는 건 나중에 하루 저녁이면 배울 수도 있어요. 그렇지만 바른 선생 노릇은 첫 출발이 중요해요."

첫 발령 학교에서 만난 하 선생님께 들은 좋은 말씀 가운데 가장 또렷이 떠오르는 말입니다. 아이들에게 헌신하고 불의를 보면 참지 못하는 그 선생님을 보며 그냥 아이들 가르치는 것만이 선생이 하는 모든 일이 아님을 알게 되었습니다. 발령 받은 지 얼마 안 되는 내가 전 직원 앞에서 내 의견을 뚜렷하게 말하고, 학교 일에 관심을 갖게 된 것은 내가 가진 천성 탓도 있을 테지만 그분에게 배우고 깨달은 바가 컸습니다. 일년 반 뒤 그 선생님이 다른 학교로 가시자 그분이 하시던 일을 이어서 하게 되었습니다. 늘 당당하고 늘 배우려 하며 아이들 편에 서는 선배님은 나와 뜻을 같이하는 동기인 황 선생과 내게 언제나 든든한 버팀목이 되어 주셨습니다.

이제껏 근무하면서 교장·교감을 포함한 대부분의 사람들에게 그렇게 못됐다는 소리를 안 들었는데 1988년 9월 이후에는 못된 놈이라는 소리가 많이 들립니다. 물론 대부분 어리석은 자들의 입에서지만요. 예의 바르고 할 일 빈틈없이 하고 아이들 잘 가르치려고 애썼습니다. 그러나 내 처신과 능력에 한계가 있었거나 본바탕이 그런지 잘 모르겠습니다. 그 뒤로 꽤 오랫동안 교장·교감은 물론 동료들한테

"바보. 어리석은 XX."

"저만 참교육하나? 너무 꽉 막혔어. 왜 타협도 모르세요? 돌아갈 줄 모르세요?"

"왜 가족 생각은 안 하세요?"

하는 소리들을 많이 들었습니다. 겁 많고, 눈물 많고, 인정 많은 내가 그들보다 한 수 위에서 예의 바르게, 작은 소리로, 차근차근, 여유 있게 못 하는지 스스로 미워질 때가 많습니다. 그렇지만 차라리 욕을 먹고, 어리석은 자들에 의해 이 사회에서 매장되는 한이 있더라도 고함쳐 싸우겠습니다. 싸우지 않고 할 수 있는 능력이 내게 있다면 좋겠는데, 그렇게 하고도 싶은데 그게 어렵습니다. 정말 어렵네요.

학부모와 아이들에게도 내가 조금만 꾸미고 양보하면 '좋은 선생

님', '고마운 선생님' 소리를 들을 수 있을 것입니다. 내 이미지 관리하느니 그 시간에 아이들을 위한, 학부모들을 위한, 그밖에 누군가를 위한 궁리를 하는 게 더 양심적일 거라 생각합니다.

새 학교에 와서

참으로 많은 일들이 있었어요. 부임한 날, 부장을 안 한다고 하니까 학교장은 보기에 순해 뵈는 것과는 달리 참으로 많은 말을 하신다.

"요즘 선생님들은…."

"내 생각에는…."

부임 교사 열 사람 가운데 먼저 간 나까지 세 사람이 말하기보다 듣기에 지루해 하는 건 아랑곳도 안 한다. '참자, 참자 참는 데까지 참자. 조금만 더.'

"김 선생님은 승진에 관심 없으신가 봐요?"

갑작스런 물음에 "아, 예~" 하고 나니 '이게 아닌데' 싶다. 내 반응은 관심도 없이 "나도 승진 생각 않다가 40대 중반부터 시작했는데….” 또 시작이다. 도저히는 못 듣겠다.

“저도 교장, 교감 하고 싶지 않은 거 아닙니다.”

교장 얼굴이 당황스럽다.

“그 길에 줄을 서고 싶지가 않을 뿐이지요. 저도 교장, 교감 하고도 싶습니다. 다만 그렇게 살아가기가 싫어서요.”

아차 싶었다. 그 사람들 아픈 데를 건드리고 싶지는 않았고, 오자마자, 아니 내내 벌떡교사 아닌 척 지내고 싶은 마음이 없지 않았거든요. 같이 들어간 한참 후배뻘인 여선생이 손뼉을 친다. 교장 선생 말은 갑자기 줄어든다.

그 뒤, 오랫만에 큰맘 먹고 하려던 1학년 담임에서 밀리고, 사무분장도 두 가지나 맡고, 대부분 학교에서 사라진 온갖 일들이 버젓이 남아 있는 걸 지금 안타까운 마음으로 바라보고 있다. 나 떠난 학교에 온 사람들이 부럽다. 5년 동안 나 혼자 한 건 아니지만, 거의 그렇다 해도 틀리지 않게 ‘사심 없이, 봉사하는 마음으로, 학교와 아이들을 위해’ 힘쓰다가 떠나왔으니까. 수많은 상처도 받고 혼자 울기도 하고, 새벽기도에 기대기도 했으니까. 다시 되돌리려고 애쓰는 사람들이 있겠지만, 쉽지 않으리라 믿고 싶다. 여긴 대체 어떡하나! 힘을 정신을 어디에 우선해야 할까? 내 몸이 온전치 않아 겨우 추스르며 건강해 보이게 살아가고 있는데….

오늘 처음으로 체육 담당 계원인 나에게 부장을 대신해서 출장 가라는 걸 '부장님이 가시게' 했다. 마음이 편치 않다. 엊그제 남자 후배 선생 두 명이 건대 앞으로 데려가 '거하게 환영'을 해줬다. 반가운 만남! 그런데 후배 하나가 취해서 하는 말 중에

　　"교감 선생이 김익승 선생… 전교조…."

　　뭐 어쩌구 하는 말을 한다.

　　'이걸 그냥.'

　　또 참아야 하나. 이 생각 저 생각 가만히 지내기 쉽지가 않다. 내일 모레 내 교실 짐이 2.5톤 차로 이사 온다. 큰돈을 들여서 이사하는데, 뒷정리는 언제쯤 끝나려나. 바쁘다, 바빠.

(2005.03.05.)

아무도 교장, 교감을 안 하려고 할 때

"엄마, 아빠는 교감 선생님 같은 거 안 한대?"

지금부터 네 해 전 1월 어느 날 우리 큰아이가 아내에게 한 말이다.

"올해는 교감 해야지…."

"저 그런 거 안 해요. 아니 못 해요. 그런 거 할 거면 전교조도, 이런 식으로 선생 노릇도 하지 않았죠. 아무도 하지 않으려고 하면 그때 하겠지요."

그해 설날 고향에서 세배드릴 때 아버지와 주고받은 말이다.

"아부해서라도…."

우리 어머니께서 곁에서 거드신 말씀이다. 누구보다 곧으신 우리 아버지, 어머니께서 이런 말씀을 하시게 한 내가 불효자다. 단호한 내 대답 때문인지 그 뒤론 그런 물음이 없으시다.

나라고 정말 교장 교감하기 싫겠나? 그쪽에 줄을 서기가 싫고 그렇게 살기가 싫을 뿐이지. 잘할 수 있을지 모르나 적어도 지금까지 내가 만난 교장, 교감들보다는 낫겠다. 선생님들 뒷바라지, 아이들 뒷바라지해서 행복한 학교를 만드는 일을 해보고 싶다. 물론 공부도 가르치면서, 권위 따위는 다 내던져 버리고.

교장, 교감이 되는 방법도 모르고, 물어보지도 않았고 알려고 하지도 않은 채로 31년째 선생 노릇을 하고 있다. 아무도 교장 안 하려 할 때가 오면 교장 하려고 애쓸 거다.

(2006.04.08.)

아직도 가르칠 학년을 몰라요

봄방학을 알차게 보내고 싶다. 몸과 마음을 새롭게 하고 아이들 맞을 준비를 정성껏 하고 싶다. 기도나 다짐을 많이 하고, 할 수만 있다면 명상도 하고 싶다. 그런데 차분히 할 수 있는 이런 것들을 제대로 못하고 봄방학이 늘 어수선하게 지나간다. 왜 그럴까?

지난해 우리 학교는 담임과 사무분장 발표가 봄방학 끝날 무렵에 이루어졌다. 불편한 상황을 몇 번 겪고 나서야 며칠 앞당겨지긴 했다. 하지만 올해도 비슷할 것 같다. 빠른 학교라도 봄방학을 하고 하루나 이틀 지난 뒤에 담임 발표를 한다. 학년 초 어수선한 교실에서 이것저것 정리하는 딱한 내 모습, 좀 더 넉넉한 모습이라면 참 좋겠다.

나는 담임 발표는 빠를수록 좋다고 생각한다. 교사 인사이동도 겨울방학 중에, 아니 겨울방학 시작할 무렵에 이루어지면 좋겠다. 그러면 담임 발표나 사무분장도 당연히 앞당겨져질 테지. 몇 해 전에 그런 조짐이 보이더니 슬그머니 사라져 버렸다. 이 좋은 궁리가 왜 흐지부지 되었을까? 교사들이 환영하는데도 말이다. 목소리 큰 교원단체들도 별다른 의견을 내지 않는다. 교사 인사이동이 봄방학 하기 일주일쯤 전에 이루어질 거라던 어느 해에는 이런저런 핑계로 계속 미뤄지더니, 이젠 당연히 봄방학 바로 전에 이루어진다.

왜 이 좋은 정책이 힘을 받지 못할까? 나는 먼저 교육 당국에 책임을 묻고 싶다. 좋은 시책을 시행하여 점점 그런 방향으로 이끌어갈 것처럼 떠들더니 흐지부지되었다. 그 까닭을 분명하게 밝혔으면 한다. 일부 교육 관료들의 압력 때문에 그런 것이 아니기를 간절히 바라지만, 나는 그런 의심을 하지 않을 수가 없다. 아이들을 진정으로 사랑하는 교사나 교육 관료라면 앞으로 근무할 학교와 몇 학년 담임이 될지를 미리 알게 되는 것이 좋은 교육을 하는 데 보탬이 되고 안 되고 쯤은 다 알 것이다. 너무도 쉬운 이 논리를 아무도 말하지 않아 작은 학교 교무실에서 내세우려고 조심스레 한두 마디 해 왔다. 올해는 또 어떻게 해야 하나 많은 생각을 하고 있다.

나는 학부모들에게도 학교를 제대로 들여다보라고 말하고 싶다. 학부모단체들이 아이들 교육활동을 위해 여러 목소리를 낼 때마다 소홀하거나 무시하지 않고 공감하고 있다. 그렇지만 아직도 교사들을 못 미더워하고, 통제하고 경쟁시키는 쪽으로만 목소리를 내는 게 아닌가 싶을 때가 많다. 인사이동 시기와 담임 발표를 앞당기는 조금은 사소해 보이는 시책이 우리 아이들 교육에 어떤 영향을 미칠지는 그리 관심이 없는 것 같다. 물론 교사 스스로 찾아야 할 권리요 의무이지만 이런 거야말로 학부모가 관심을 가질 만한 일이 아닌가.

"예전에는 개학 날 담임 발표를 하기도 했는데, 지금은 그에 견줘 보면 나아진 거 아니냐?"

하는 선배들이 더러 계신데, 그 무신경과 낙천성이 참으로 놀랍기만 하다. 하긴 젊은 교사들 가운데도 순응하는 이가 적지 않은데 말해서 뭣하랴. 공감은 하면서도 '좋은 게 좋은 거', '어쩔 수 없는 거 아니냐', '우리가 목소리 낸다고 되겠나' 하는 생각에 머물러 있는 것도 무책임하게 느껴진다. 봄방학 중에 이루어지는 새 학년 학급 운영에 대한 연수 안내를 보면서 '도대체 올해 몇 학년 담임이 될지도 모르고 있는 나'를 생각하니 참으로 처량하다.

내가 몇 학년 아이들 선생이 될지 알아야, 교재연구도 하고 새 교실에 짐도 미리 옮겨놓고, 차분하게 선생 노릇을 어떻게 해야 할까 궁리도 할 수 있지 않겠나. 해마다 교실 정리가 빨라야 3월 중순이나 돼야 끝나는데, 이게 꼭 게으른 내 탓이라고만 할 수 있을까. 봄방학 동안 교실을 깨끗하고 짜임새 있게 만들어 놓고 아이들을 맞으면 얼마나 좋을까! 학년 말마다 이삿짐센터 신세를 져야 교실 짐을 옮긴다는 내 말을 듣고, 올해부터 짐 나르기를 돕겠다고 나선 옛 제자들에게 아직도 이사 날짜를 못 알려주고 있다.

교육 당국은 학년 말에 담임 발표와 사무분장이 늦어지는 것을 더 이상 모른 체하지 않기를 바란다. 2월 말이나 3월 개학날 담임 발표하는 것을 어떤 논리로 정당화할 수 있단 말인가. 교육 당국은 승진 따위에 한눈팔지 않고, 오로지 아이들을 하늘처럼 섬기는 일에 몸과 마음을 다 바치려는 평교사들의 소박한 바람에 귀 기울여주기 바란다.

(2007.02.21.)

아직도 용기가 있다

오늘 종례 시간에 내 생각을 '조리 있게' '차분하게' '낮은 목소리로' 말했다. 교장 선생이 정년 퇴임한답시고 담임과 업무 발표를 새 학년 시작하기 바로 전에 하는 옳지 못한 일과 한 학급이 늘어 학급에서 필요한 물건을 미리 알아서 준비할 시간이 넉넉했음에도 그러지 못해서 교사들끼리 갈등하게 만든 행정실과 관리자의 처사에 대해서.

말할 내용을 미리 적어두고 몇 번이나 빠진 것이 없는지 보충한 뒤에, 생각에 생각을 거듭하다가 드디어 말했다. 누구와 미리 의논하고 싶었지만 비슷한 시도를 했는데 아무도 반응해 주지 않았다. 너무 생각하다가 때를 놓칠 것 같아 마음먹고 말했다. 예상대로 아무도 내 말을 이어서 하는 사람이 없었다. 교감 선생이 이 학교에 있던 교사들이 다 알고 있는, 그동안 있었던 일들을 되풀이해서 한참을 말하다가 2월 16일 내가 말한 걸 이야기하면서 내가 큰소리를 친 것처럼 말했다. 그래서 "저는 큰소리 안 쳤지요, 교감 선생님이 큰소리를 치셨지요." 하니 그게 맞다 한다. 새로 부임한 교장 선생은 잘 알아들었다며 미안하다고, 잘하겠다고 말했다.

내 교실 속에서 우리 반 아이들과 행복하기만 하면 될까? 옳지 못한 현실을 보면서, 작은 소리라도 의사 표시해 방향을 바로잡을 수 있는데 뻔히 보면서도 모른 체해도 될까? 교실에서 담임 노릇만 열심히 하고 학교 전체의 교육 활동에 모른 체하지는 않겠다. 말하고 행동하지 못하더라도 적어도 괴로워하기라도 해야 나로서는 삶을 견딜 수가 있다. 알면서도 그냥 넘기고 나면 게으르고 이기적인 나를 꾸짖기라도 해야 마음이 조금은 가벼워진다. 이해할 수 없는 관리자의 횡포나 겉치레 교육을 보거나 느끼면 그때마다 말로 안 되면 몸으로 막겠다. 이 나이에 무슨 주책이냐 할지 모르지만, 나는 아직도 첫 발령 때 지녔던 용기가 있다. 감정을 조절하고, 사람은 미워하지 않으며, 남들에게 상처를 주지 않고, 나 스스로 마음을 잘 다스리며 말하고 싶다.

사실 늘 웃으며 동료들과 관리자들과 아이들 교육을 의논하고 싶다. '학교는 교장, 교감이 좀 힘들어도 교사들이 즐거워야 하고, 교사들이 좀 힘들어도 아이들이 즐거워야 한다.'는 믿음을 간직하고 있다.

이 원칙만 지킨다면 누가 교장, 교감이 되어도 신뢰는 쌓일 거라고 확신한다. 내가 몇 번 일어나 말하는 동안 아무도 내 말에 맞장구를 쳐 준 사람은 없지만 그런 원칙과 믿음을 가지고 말했다. 늘 이런 마음으로 지내고 싶다. 흥분하지 않고 말한 내가 기특하다. 그렇지만 마음은 한참 동안 두근거렸지.

(2006.02.28.)

아이들과 지낼 계획

한 해.아이들과 지낼 계획 세우는 이야기를 할 차례다. 너무 꼼꼼하게 세우는 것이 불편하다. 학교 교육과정, 나라에서 정해 놓은 교육과정도 복잡하다. 달마다, 철마다, 무슨 날이거나 깊이 생각해야할 날이나 일이 일어났을 때 이렇게 해야지, 저렇게 해야지 밑그림을 그리면서 아이들을 만난다. 교육 활동 가운데 중요한 것들은 공책 한권에 적고, 업무수첩에는 학교 관련 일이나 바깥 일에 관한 내용을 적는다. 길 가다가, 무얼 하다가 갑자기 떠오르는 것은 주머니에 넣고다니는 메모장에 한다. 때로는 가르칠 책에 적기도 한다. 글씨가 낙서 같아서 남들이 보면 못 알아본다. 할 수 없지 뭐, 나만 알아보면 되니까!

내 철칙 같은 것이 하나 있다. 남이 한 것을 보고 좋으면 가능하면 우리 반 아이들과 해보려고 한다. 할 때마다 남이 한 그대로 똑같이, 앵무새처럼 원숭이처럼 한 기억이 없다. 내 능력과 우리 반 처지와 아이들 반응을 봐 가면서 자연스레 고쳐가며 한다. 조금은 거칠어도 그렇게 하면 대부분 성공한다. '남이 한 것 똑같이 따라 하면 99% 실패를 하지만, 조금이라도 현실에 맞게 손질을 해서 실천을 하면 100% 성공한다.'는 것이다. 너무 그대로 따라 하면 스트레스를 받지만, 형편껏 따라 하니 나도 아이들도 즐거운 적이 참 많았다. 물론 처음 그 궁리 한 사람에게 신세 많이 진 것을 알고 늘 고마움을 잊지 않는다. 그게 그분의 뜻이라고 여긴다. 배워서 달랑 혼자 궁리한 양 써 버리고 남에게 나누기 인색한 사람이 이 글 읽는 사람들 가운데는 없기를 간절히 바란다.

올해 아이들이랑 자연 체험을 많이 하고 싶은데 할 수 있을지. 김교신 선생님이 제자들과 함께 '조선의 산하'를 누비시던 뜻을 요즘에야 절실하게 깨닫는다. 정말 가능할지 모르지만, 제자들 선후배가 함께 학급문집을 만들고 싶고, 같이 고달픈 여행도 하고 싶다. 옛날 제자들과 학급문집 만들다가 탈락시킨 글로 '학급문집 속편'도 만들고 싶다. 내 살아생전에 가능은 할까? 내 죄가 많아 그 시기가 자꾸 멀어지는 것 같다. 지금 우리 반 아이들이 내 마지막 제자라는 마음으로 참사랑을 나누어 주는 선생 노릇을 해야 할 텐데.

(2006.03.10.)

꼭 차를 마셔야 한다면

내게 노는 아이들을 자주 보내며 오라 한다. 그래도 안 가니 급한
일이 있어 빨리 오라 해서 갔다. 별일도 아닌데 차나 마시러 오라고
했다는 부장 선생 말을 듣고 화를 낸 일이 있다. 나를 더 화가 나게 한
것은 그 교실로 막 뛰어간 내게 어느 여 선생이,

"김 선생님, 지각이야!"

라는 말이었다. 그 말을 받아,

"제가 지각이라구요? 제가 보기엔 선생님이 지각이십니다. 지금
둘째 시간이 5분이나 지났으니 선생님 반 수업에 지각이신 거죠."

했더니,

"흥, 별꼴이야!"

하지 않는가? 그 일이 있은 뒤로는 차 마시는 자리에 덜 가는 것 같은데, 제발 선생님들이 차를 마시더라도 2교시 수업 시간은 늦지 않았으면 하는 것과 선생님들이 음식 먹는 것을 바라보는 아이들 생각을 조금만 더 했으면 하는 것이 솔직한 바람이다.

나는 그 시간에 아이들과 함께 일기를 읽거나 내 자리에 앉아 다음 시간 준비를 한다. 특히 자기 일기를 들고 직접 나와 담임과 같이 읽으며 마주이야기를 나누는 짧은 시간이 나에게나 아이들에게 얼마나 귀한 시간인가? 어떤 때는 그날 노는 시간이 일기 보는 데만 다 쓰여지기도 한다. 아이들도 선생과 가까이 앉아 이야기 나누는 그 시간을 참 좋아하는 것 같다.

수영체험학습

사흘 동안 연달아 수영체험학습이다. 체험학습에 참여하기 어려운 아이들을 조사했는데, 6학년 전체에서 열 명이 안 되었다. 수영 공부가 좋긴 하지만, 사흘씩은 무리라는 생각이 들어 얼마 전에 동학년 선생들끼리 의견을 나누며 하루쯤 줄이면 어떻겠냐 했더니 나중에 불이익을 받기 때문에 어렵다고 했다. 수영 체험하기 하루 전에 참여가 어려운 아이들을 조사하니, 몇 명이 늘었다. 학년부장(6학년 담임은 아님) 선생이 한 교실에 모아놓고 영어 시간 틈틈이 지도를 해주시겠다고 한다. 나는 아무래도 이러는 건 불편하다. 강사를 쓰면 좋을 텐데.

다음 날(그러니까 어제) 아침, 참가하지 못하는 아이들이 더 늘어나서 스무 명 가까이 되었다. 아침에 오니 학년 부장 선생은 그 아이들을 데리고 가서 참관 수업을 시키란다. 아이들 수가 갑자기 많아져서? 읽을 책이나 간단한 공부 거리를 준비시키면 될 거라면서. 이게 아닌데 싶어서, 부장 선생에게 강사를 왜 쓸 수 없냐고 하니 동학년 선생님들 모두 내려와서 같이 얘기를 나누자고 한다. '우린 지금 곧 떠나야 하니까 오늘은 그냥 아이들을 데리고 가겠다. 갔다 와서 오늘 처리 결과를 보고 이야기하겠다. 교장, 교감 선생에게는 부장 선생이 대표로 말씀을 드려달라'고 했다. 떠나기 전에 교무실에 들러 교감 선생에게도 그런 의견을 말했다.

아이들은 감기 걸린 아이 한두 명 빼고 대부분 생리를 해서 빠졌다. 수영장 차가운 시멘트 계단 관망대에 앉아, 책을 읽고, 문제집을 풀고, 더러 돌아다니며 시간을 보냈다. 천정에서는 물방울이 떨어졌다. 딱해서 수영장에서 쓰다 남은 돗자리를 주워다가 깔아주고 나니 조금은 나아 보였지만 영 불편한 모습이다. 그렇게 저렇게 수영체험을 마치고 학교로 오니, 교장 교감 선생이 부른다.

교감 선생이 유권 해석을 의뢰했는데, 유상이 아닌 무료 체험학습이라서 강사 쓰는 규정에 해당이 안 된다고 했다. '데리고 가서 오늘처럼 하면 안 되겠냐?'며 우리 보고 어떡하면 좋겠냐 묻는다. 나는 첫째, 강사를 쓰는 걸 원한다. 안 되면 둘째, 조금은 외람되게 들릴 줄 모르지만 교장, 교감 선생님께서 서운해 말고 들어 주시면 좋겠다는 전제를 달고 두 분 가운데 한 분이 도서실 같은 데 아이들을 모아놓고 지도를 해주시면 좋겠다고 했다. 첫 번째는 당연히 안 되고, 둘째 의견에 대해서 교감 선생은

"우린 뭐 한가한 줄 아나?" 했고, 교장은

"그러다가 무슨 사고라도 나면 누가 책임을 지나?" 했다.

답답하다. 할 말이 막 쏟아지려는 걸 꾸욱꾸욱 참는다. 옆 반 선생이,

"부장님이 지도하면 좋겠다." 해도 마찬가지.

시간이 40분쯤 흘러도 조금도 마주이야기가 안 된다. 교장 선생은 한참을 궁리하더니 세 사람 가운데 둘만 아이들을 데리고 가고, 한 사람이 남아서 지도를 하면 어떻겠냐고 한다. 기가 막혀 말이 안 나온다. 우리 의견을 짧게 말하고 한참 가만히 앉아 있었다. 그러다가 오늘처럼 그냥 아이들 데리고 가서 똑같이 하겠다고 하니, 나보고 두 분 잘 '리드'해서 그 아이들 데리고 수영장 근처 여기저기 견학도 좀 시키고 해달란다. 대꾸도 안 했다. 우리가 하루 줄이자고 할 땐 곤란하다더니, 마지막 날 활동은 빼자고 한다. 그러면서 계획 세운 걸 뭐라 나무란다. 그 계획을 결재할 때 이미 다 알았을 텐데. 이분들과 무슨 마주이야기를 할까? 졸업을 앞둔 6학년 아이들에게 경력 많은 교장

교감 선생이 각 반에 몇 시간씩 수업을 자청해서 들어오길 바라지도 않는다. 도서실에 아이들 모아 잠깐만 지도말 해주고 몇 번만 다녀가서도 아이들은 다른 선생님들이 지도하는 것보다 잘할 거라 해도 안 통하는, 그렇게 바쁘다는 그분들에게 그런 말한 게 아깝다.

이 과정에서 오늘도 조금 전에 이 일과 관련해서 몇 가지 일이 있었지만, 가슴이 답답해서 다 못 쓰겠다. 그냥 머리로만 생각하고 찬찬히 기억나는 대로 낙서하듯 적어두어야겠다. 학교 교육과 관련한 소소한 일로 할 말들이 있어도 한 박자, 반 박자씩 늦춰서 낮은 소리로, 느리게 반응하려는데 뜻대로 안 된다. 여덟 달이니까 참 오래 참았다. 더 참고 견디기 어려울 것 같다. 이렇게 말로 하면 안 될까? 얼마나 끈질기게 해야 하나? 그냥 무시하면 될까? 생리하는 아이들을 참관 학습시키려고 사흘(결국 하루 줄어서 이틀이 되었지만)씩 수영장 데려가서 이렇게 불편하게 해야만 하나? 나도 이부영 선생처럼 그렇게 싸워 왔는데, 내 자신에게 아무 득도 없는 짓을 많이도 해 왔는데. 싸우는 것이 두려운 게 아니라 내 생각이, 내 하려는 일이 어그러질까 봐 신중해지고 있는 거다. '그 나이에 아직도…' 하는 말도 부담스럽지만 눈앞에서 뻔히 일어나는 일들을 모른 체하지 못하겠다. 이런 내가 딱하고 딱하다. 내가 당한, 당할 불이익을 생각한다면 이러면 안 되지. 바보, 바보 김익승.

오늘도 어제처럼, 아이들은 수영장 계단 그 자리에 똑같이 앉아 있다. 다행히 어제보다 시간 보낼 거리를 좀 더 준비해 왔다. 내 어제 대답은 안 했지만, 그 아이들을 데리고 수영장 근처 공원 뜰로 나가 40분쯤 뛰어놀았다.

"나랑 나가 놀 사람?"

"신나는 놀이 가르쳐 줄게."

하니 처음에 반쯤 나중에 모두 따라 나온다. '알까기 술래잡기', '장애인(병신) 술래잡기', '새끼치기 술래잡기'를 땀나게 했다. 기대 이상으로 신나하고 좋아한다. 내 기분도 뛰면서, 놀면서 조금은 풀렸다.

(2005.11.02.)

사람이 그리워서

막걸리든 맥주든 먹어보자. 이부영 선생님이랑 좋은 분들 붙들고 요즘 학교 이야기와 울고 싶은 내 이야기 좀 털어놔 보자 했는데…. 술도 자꾸 목에서 걸리고, 말도 잘 못하고, 그러다가 왔어요. 가까이에 털어놓고 말할 사람들이 줄어가는 현실, 언제나 나를 먼저 돌아보고 겸손하게 반성하는데도 내 탓만은 아닙니다. 정말 안타깝지만 '사람'이 그립습니다! 백창우 선생 말처럼 사람 하나 만나고 싶네요.

어제도 '사람 여럿' 만나러 나간 게 옳은 말일 거예요. 자꾸만 자기 것부터 챙기는 동료들! '그러지 말아야지' 하면서도 몸과 마음이 못난 나!

"고마워요, 선생님!"

"선생님 가시면 우린 어떡하나요?"

사람들의 말에 얼굴에 대고 뭐라 확 외쳐주고 싶으면서도 웃으며 참고 넘기는 멍청한 나! 이런 나를 보며 혼자 있는 시간이면 울고 싶어집니다. 학교 짐을 덜어내고 우리 반 아이들하고만 열심히 살자 다짐하는데 참으로 육신이, 정신이 고단하네요.

남 보기에 평화로워 보이는 내 겉모습 뒤에 마음과 몸을 힘겹게 다스리며 하루를 어찌 살까 궁리하는 내 노력이 있습니다. 하나님은 이런 나를 어떻게 보실까? 새벽마다 성경 말씀보다는 내 마음을 편안히 쉬러 교회 가는 나를 용서 해주실까? 어제는 오랜만에 좀 수다쟁이 술꾼이 되고 싶었는데, 이도 저도 못하고, 울지도 못하고 말았네요. 오늘 새벽기도에서 돌아올 때 아내가

"어제 웬일로 술을 그렇게 마셨어요?"

합니다. 아내는 모르는 줄 알았는데…. 실수는 안 했는지 모르겠어요. 어제 뒷풀이 자리에 함께 하셨던 선생님들! 저 삼십 년째 선생을 하다 보니 힘도 들고, 답답도 하고, 무엇보다 사람이 그리워서 그랬나 봐요. 용서해 주세요! 지금도 눈물이 찔끔 고이고 있네요!

(2006.04.08)

죄 많은 선생

선생을 하면 죄를 짓게 된다.

선생이라면 교육과 관련된 모든 옳지 못한 일들과 싸워야 한다. 잘못을 고쳐 나가기 위해 몸부림쳐야 한다. 교육과정, 정책, 학교 안의 의사결정 과정에 이르기까지 옳지 않은 것들이 있다면 괴로워해야 한다. 그렇지 않다면 이는 아이들에게 죄 짓는 일이다. 선생을 그만두는 것만이 죄에서 벗어나는 길이다. 싸움은 나 혼자 몸부림친다고 되는 것이 아니다. 혼자가 아니라 동료, 학부모, 교육을 생각하는 여러 사람이 힘을 합해야 한다. 하지만 옳지 못한 것과 싸우다 보니 나 혼자 섬처럼 있게 될 때가 많았다.

1988년 ㅅ초등학교로 부임했다. 남교사들 술자리에 끼어 이야기를 나누다가 '죄 많은 선생' 소리가 나왔나 보다. 좀 떨어진 자리에 앉은 ㅇ선생이 얼굴을 일그러뜨리며,

"아니, 교사가 왜 죄인이라는 거야? 거 듣기 거북하네." 한다. 내가 그런 말을 처음 하는 것도 아니고 여러 자리에서 버릇처럼 하던 그 말에 이런 반응은 그 날이 처음이었다. 놀란 나는 아무 말도 않고 상황을 잠자코 지켜보고 있었다. 옆에 다른 몇이서 그 말을 거든다.

"맞아, 우리 교사들처럼 착한 사람들이 어디 있어. 우리가 무슨 잘못을 했단 말이야."

"그래."

"그렇지."

기가 치솟은 아까 그 ㅇ선생은

"그 말 당장 취소해. 그런 말이 어디 있어."

험악한 기세다. 그 기세에 눌릴 그때 내가 아닌데 나는 오히려 참 차분해졌다.

"그래요? 그럼 나만 죄인이라 생각할게요. 나만 죄인입니다."

더이상 내 말을 물고 늘어지는 사람은 아무도 없었다. 다만 수근거림 속에 '지가 뭔데 죄인이라는 거야?'하는 소리가 들린 것도 같고 안 들린 것도 같고.

두세 해 흐르고 나서 그 자리에 함께 했던 선배 ㅅ선생이

"나는 네가 그 소리 하는 바람에 홀딱 반했다. 감동적이었어."

하고 잊힌 기억을 되살려 줬다.

나는 언제부터인지 '죄 많은 선생'이라는 말을 입에 달고 다닌다. 글을 쓰고 마지막에 내 이름을 쓸 일이 있을 때 이 말을 앞에 붙이지 않으면 글이 어색하게 느껴진다. 누가 죄짓는 걸 좋아하겠는가? 죄 안 지으려 몸부림이라도 치고 싶은 심정으로 아이들 앞에 늘 서는데, 어쩔 수 없어서 짓는 죄가 너무나 많다. 이 말을 입에 달고 다니는데, 우리 집 아이들에게도 '죄 많은 아빠(아버지)'라는 말을 자주 쓰니 아이들이 생각 이상으로 싫어한다. 그걸 알고부터는 '조심'하고 있다. 그러나 마음속에서는 늘 그런 자세로 살고 있다. 그게 편해서, 자유로워서, 버릇이 돼서!

배운 사람들

　며칠 전, '전교조 합법화를 앞둔 교단…' 하는 주제의 텔레비전 시사 프로그램을 보다가 할 말을 잃었다. 1989년 의식화 교육을 했다는 어느 여교사가 한 교육 방법과 요즘 한창인 열린 교육을 연결시켜, 언뜻 보면 적지 않은 사람들이 '그게 그거구나' 하는 생각을 할 만큼 논리가 그럴듯했다. 언론이 저렇구나. 저 사람들이 저렇게 마음대로 요리를 하는구나. 교육 방법과 내용이야 조금씩 비슷할 수도 있겠지. 두 가지를 놓고 옳고 그름을 따지자는 게 아니다. 편집해서 그 여교사 관련 화면을 보여준 방송국 사람들의 양심을 말하는 것이다. 많이 배운 사람들의 머리는 확실히 비상하다. 그래도 그렇지. 의식화 교육을 했다고 해서 그 여교사를 교단에서 쫓아내는 여론을 앞장서서 만들었던 바로 그 방송국이, 같은 화면을 다른 목적으로 내 보내다니.

두 가지 다 옳다는 건지, 두 가지의 겹치는 부분만 옳다는 건지 결론은 두루뭉술이다. 양다리 걸치기라고나 할까. 자신의 생각이 달라졌다면 왜 달라졌는지, 어떻게 달라졌는지 털어놓는 것이 책임 있는 언론 기관의 자세가 아닌가. 자신들의 설 땅을 만들려고 억지 논리로 진실을 가리려는 많이 배운 사람들. 더욱이 언론사에서 일하는 사람들은 온 국민이 학교 교육보다 더 많은 걸 언론을 통해서 배우고 있다는 것을 제발 기억해 주었으면 좋겠다. 그들을 가르친 사람들은 불행하게도 우리 선생들이니까 더 이상 그들만 탓할 수도 없다. 누가(특히 언론이) "그렇다" 하면 아무 생각도 없이 "그렇구나" 하는 사람들도 책임을 면할 수는 없을 테지만.

배운 사람들, 아니 똑똑한 사람들은 이론으로, 힘들면 권력이나 돈으로라도 모든 경쟁에서 늘 이기려고 한다. 아니 대부분 이긴다. 못 배운 사람들은 사기를 쳐도 어설프고, 나쁜 짓을 해도 더러 인간으로서는 동정이 갈 때도 많은데…. 입으로만 정의를, 진리를, 사랑을 가르친 결과가 오늘날 열매 맺고 있다. 강한 사람에게 약하고, 약한 사람에게 강한 사람들. 그런 사람들이 넘쳐나는 세상. 지금 이 땅의 교사들은 무엇을 할 수 있을까? 아이들에게, 똑똑하기보다는 자기가 손해를 보더라도 남부터 생각하는 바보 같은 사람이 되라고 가르쳐야 하겠지. 배우면 배울수록 사랑이 많아지고, 말보다 실천을 앞세우게 되니까?! 학부모들도, 높으신 분들도 다 비슷한 생각일까. 한 명의 바보가 되겠다던 태형이는 지금쯤 정말 바보가 되어 있을까 참으로 궁금하다.

바보가 되겠습니다(서울 가락초등 6, 김태형)

온 세상 사람들이
권력과 명예만 찾는다면

나는 권력을 버리고, 명예를 버리고
바보가 되겠습니다.
한 명의 바보가 되겠습니다.

나는 한 명의 바보가 되어서
다른 한 명의 바보가 오기를 기다릴 것입니다. (1986. 12. 16.)

새 교육부 장관이 젊고, 개혁 의지가 강한 분이라고 교육계가 술렁거린다. 교육계 출신이 아니고, 박사 학위도 없다고 한다. 차라리 학사 학위마저도 없는 분이라면 어떨까. 많이 배운 장관님들은 학교 선생님들보다 유식하니까 선생님들의 절실한 소리를, 학부모들의 소박한 바람을, 아이들의 아픔을, 그 사람들 처지에서 들어주지 않았다? 들어도 건성이었고, 안 들어도 다 안다고 생각했다? 모르겠다. 설마 그러지는 않았겠지. 새 교육부 장관이 기득권을 가진 관료들이나 고학력자들에게 끌려다니며 그동안 미루어만 온 중요한 일들을, 힘이 들어도 할 수 있는 데까지 해결해 주었으면 좋겠다. 고정관념을 깨고 장관이 됐듯이, 대학 문만 넓히지 말고 다른 멋진 세상의 문도 활짝 열려 있다는 것을 젊은이들이 느끼게 하는 교육 정책을 바란다. "'학교를 어디까지 다니고, 어느 학교를 나왔는가'보다 '그 일에 대한 능력이나 사람 됨됨이'가 사람 평가의 잣대가 되어야 한다."는 말이 진짜로 실감 나는 세상 말이다. 아직도 변함없이 교장, 교감이 되려고 머리를 싸매고 있는 교단 풍토를 보면, '평교사 우대'라는 말이 얼마나 허울뿐인가를 알 수 있다. 자신이 가르친 제자가 약삭빠르게 줄서기 하는 정치인이라면, 뇌물 법조인이라면, 아니 배운 지식으로 남의 가슴을 아프게 했다면, 그들을 가르친 사람의 마음이 어떻겠는가. 이 사실을 알기 바로 전까지도 스승은 그 제자를 얼마나 자랑스럽게 생각했을까. "내 제자가 서울대 졸업해서 고시를 패스했어!" 하며 남이 알아주길 바란 적이 있는 나는 요즘 와서 괜히 더 부끄럽다. 중학교 못 간 제자와 몇 년 동안 편지를 주고받다가 소식이 끊겨져 안타까워하던 그때, 그 마음을 잃지 않고 싶다. "내가 잘못 가르쳤으니, 내 손바닥을 때려라!" 해서 제자에게 손바닥을 맞던 순수한 그때로 돌아가고 싶다.

제자들의 잘못된 모습을 볼 때, 선생 노릇에 자신을 잃고 지쳤을 때, 가끔 엉뚱한 생각이 떠오른다. 선생님이 너무나 되고 싶은데도 대학입시라는 벽을 뛰어넘지 못하고 다른 길을 간 아이들. 훌륭한 선생의 싹이 보이던 너무나 착한 이 아이들이, 나 대신 우리 반 아이들의 선생님이 되는 상상! 그럴 수만 있다면 나보다 그들이 훨씬 더 잘 해낼 것 같다. 대학을 가지 않고는 도대체 교사가 될 수 없는 이 제도가 너무 안타깝다. 많은 사회 체험을 하다가 나이 들어 교단에 서는 일이 딴 나라가 아닌 우리나라에서도 이루어질 수는 없을까. 요즘 많은 연예인들이 대학 강단에 서는 걸 보면서 초등학교도 그런 날이 오지 않을까 기대를 한다. 선생님이 되려던 꿈을 접고 있는 그 아이들이, 그때까지 사는 곳곳에서라도 좋은 스승 노릇을 해 주었으면 좋겠다.

'배운 사람들', '똑똑한 사람들'이 다 그런 게 아닌데, 실망이 크다 보니 너무 몰아세웠나 보다. 그 사람들 가운데 좋은 사람, 훌륭한 사람들도 얼마나 많은데…. 그리고 교사도 따지고 보면 '배운 사람들'

이 아닌가. 편안하게 책만 들여다본 사람들에게 어쩔 수 없는 한계는 있겠지. 그래서 시간이 조금 더 걸렸더라도 온갖 체험을 하며 살아온 사람들의 삶이 더 아름답고 훌륭해 보이는 것이겠지. 아무리 생각해 봐도 아는 것만으로는 힘이 될 수 없다. 읽기만 하고 실천하지 않는 것은 차라리 모르는 것보다 더 나쁘다. 아는 것은 실천해야만 힘이 된다. 실천 없이 너무 많이 배우느니, 하나라도 제대로 배워서 배운 것만큼은 꼭 실천하면 좋겠다. 그것이 참 지식이 돼야 한다. 저 혼자 편히 살려고 많이 배우고, 남의 가슴을 아프게 하는 것이 지식이라니. 지식만 있으면 스승이 되는 이 세상에서는 이런 일들이 어쩔 수 없이 되풀이해서 일어날 수밖에 없을 것 같다.

교사들이 올바르다면, 아무리 나쁜 교육 여건에서라도 아이들은 바르게 자라날 수 있다. 물론 그만큼 교사에게는 희생과 고통이 따르겠지만. 교사들은 자신이야말로 나라의 가장 소중한 자산 가운데 으뜸이라고 자부해도 좋지 않겠나 싶다. 그리고 흔히 '엘리트'라고 하는 많이 배운 사람들이 더 겸손해지고, 부족했던 체험들을 살아가면서 채우려 애를 쓴다면, 책에, 이론에 매여 살아온 메마른 삶이 따스하게, 싱싱하게 바뀌리라 믿는다. 가장 많이 배운 사람들은, 사회 구석구석에서 남의 본보기가 되고 있다는 걸 언제라도 잊지 않는 것이 배운 값을 하는 길이라고 본다. 비록 문제투성이인 교육이라도 그 혜

택을 가장 많이 누린 사람들이 당신들이니까. 세상이 모두 교과서고, 만나는 모든 사람들이 내 스승일 수 있다는 자세로 모두들 '진짜 공부'를 이제라도 제대로 시작해야 한다.

떡이 먹고 싶어서

나는 어려서부터 떡을 무척 잘 먹었대. 어릴 때 별명이 '떡돼이'('떡보'란 뜻을 가진 강원도 사투리)였을 정도니까. 내가 열 살 먹을 때까지 우리 어머니는 내 생일이면 꼭 떡을 해 주셨어. 그래야 나중에 잘 산다는 이야기를 들은 기억이 나. 쌀이 귀하고 귀하던 그때, 넉넉지도 않던 우리 집 형편에 그게 얼마나 어려웠을까. 어떨 때는 쌀 구하기가 너무 어려워 반 됫박을 디딜방아에 찧어서 해 준 적도 있대. 내가 지금도 송편과 백설기를 떡 중에서 가장 좋아하는 건 그때 어머니가 해 주신 떡이 주로 그 두 가지여서 그런지도 모르겠어. 언젠가 여동생들이 그래. 오빠 혼자 떡 먹는 거 보고 침을 삼킨 적이 많았다고. 나 참 못됐지? 내가 생각해 봐도 정말 그러네.

몇 살 때인지 어렴풋한데, 떡이 하도 먹고 싶어서 일부러 똥간에 빠진 일이 있었어. 어른들끼리 하는 이야기를 우연히 들었는데, 똥물에 빠지면 똥독이 되게 무섭다는 거야. 암만 씻어도 그 독을 없앨 수가 없고, 똥통에 빠졌던 사람은 떡을 해 먹여야 별 탈 없이 살 수 있다는 이야기였어. 나는 그 이야기를 듣는 순간 가슴이 콩콩 뛰었지. 그날부터 떡 먹을 궁리를 하기 시작했어. 똥통에 일부러 빠질 수는 없고, 어떡한다? 궁리 끝에 똥통 위에 널빤지 두 개로 아슬아슬하게 앉아 볼일을 보는 똥간 생각이 났어. 마침 똥을 퍼내야 할 때가 다 돼서 똥을 누면 똥물이 튀어 올라 더러 엉덩이에 묻기도 하고 그랬거든. 며칠 뒤 나는, 똥 누고 일어서다가 찢어진 고무신 신은 발 한 짝을 살짝 똥통에 집어넣었다가 얼른 꺼냈어. 죽을상을 하고, 징징거리면서 널빤지에 미끄러져서 똥통에 실수로 빠진 척 거짓 행동을 했지.

　"덕스이(=덕승이 *어릴 때 집에서 부르던 이름), 니 뭔 일 있나?"

　"…."

　나는 일부러 너무나 놀라서 아무 말도 못하는 척 절절매는 몸짓을 하고 있었지.

　"무슨 일이냐니깐?"

　"나, 발 똥통에 빠졌어! 나 어떡해!"

　맛난 시루떡이 내 앞에 올 때까지 나는 겉으로는 조금도 떡에 대한 내색을 하지 않았어. 난 참 나쁜 놈이었어, 그렇지? 내가 제 정신이 아니었던 것 같아.

내가 초등학교 4學年 무렵엔가 학교 근처 시장 방앗간에 떡 빼는 기계가 들어왔어. 5일장이 서던 날, 집에 가던 우리 동네 아이들은 쌀이 나와야 하는 구멍에서 하얗고 둥근 가래떡이 쑥쑥 빠져나오는 게 하도 신기해서 넋을 놓고 들여다보았어. 그때 기계떡은 모양이 요즘처럼 여러 가지가 아니고 둥근 것밖에 없었던 것 같아. 우리는 "야, 저거 똥 나오는 거 같아!" "야, 무슨 똥이 허옇냐?" 침을 꼴깍 흘리며 한참을 구경하고 있으면 인심 좋은 방앗간 집 일꾼 아저씨가 가래떡 한 가락씩 뚝뚝 잘라 주시곤 했어. 그런데 말야. 어머이가 해 준 송편이랑 백설기에 입맛이 길들여진 나는 그 가래떡이 왜 그리 질긴지, 한참을 꼭꼭 씹어 봐도 아무 맛도 없는 거야. 떡메로 쳐서 떡살로 무늬를 찍어 넓적하게 만든 절편 맛에 견줄 수가 없더라고. 그런 나는 아랑곳 않고 내 동무들은 게걸스레 그 떡을 잘도 먹는 거 있지.

그때 시골 아이들이 냇가에서 물놀이하다가 똥이 마려우면 어떻게 했게? 냇가 풀숲이나 바위 뒤에 쭈그리고 앉아 볼 일을 봤지. 그런데 물놀이가 한참 신이 날 때면 개구쟁이들은 물속에서 그냥 응가를 해버리기도 했거든. 물놀이할 때 물 속에서 볼 일을 보면 밑을 닦지 않아도 되니까 참 편리했지. 어느 날 내가 집 앞 남산 냇가에서 놀다가, 아이들 노는 위쪽 냇물 가운데 있는 커다란 바위 뒤에서 한 덩어리 뽑았어. 그날따라 이놈의 똥이 길다랗게 쑥쑥 잘도 나오는 거 있지. 둥둥 떠내려가는 똥 줄기를 보다가 엉뚱한 생각이 떠올랐어. 나는 똥 누다 말고 저 아래 노는 아이들한테, 기쁘고 놀란 몸짓과 목소리로,

"야, 저기 떡 떠내려간다! 기계떡이야, 누런 인절미 기계떡도 있는 거 같애!"

아이들은 "어디, 어디?" "거짓말 마!" 하며 물속을 마구 뒤지는 거야. 그 놈들이 장날 방앗간 떡을 가장 잘 얻어먹던 녀석들이었지. 나는 그 꼴을 보면서 잽싸게 냇가로 나와 옷을 입고 우리 집으로 도망을 쳤어.

얘들아, 그런데 요즘 냇가에서 물속에서 나처럼 똥 싸고 오줌 누면 어떻게 될까? 옛날에는 그렇게 놀았어도 냇물은 언제나 그냥 마셔도 될 만큼 맑고 깨끗했는데 말이야. 요즘은, 요즘은?

(2008.09.20.)

내가 좋아하는 먹을거리들

오늘 아침도 '안흥찐빵' 두 개가 내 아침밥이다. 지난해 초부터 아주 특별한 사정이 있는 날 빼고는 단 하루도 거르지 않고 강원도 안흥 심순녀 할머니가 만든 찐빵을 먹고 있다. 찐빵이 떨어질 것 같으면 아내가 택배로 미리 주문을 하니까, 우리 집 냉장고 냉동실에 4개씩 포장한 '안흥찐빵'이 떨어지는 일은 거의 없다. 사람들은 "날마다 먹으면서 질리지도 않나요?" "뭐가 그리 맛있나요?" 하는데, 나는 이걸 먹으면 뱃속이 아주 든든하다. 바쁜 아침 시간에 쪄서 먹기까지 십오 분 안팎이면 시간이 충분하다. 무엇보다도 '안흥찐빵'을 먹어서인지 내 건강이 몰라보게 좋아졌다. 찜통에 쪄서 보기 좋게 부풀어 오른 찐빵이 쫀득쫀득하면서도 스펀지처럼 폭신하게 씹히는데, 그 속에는 물리지 않게 달콤한 검붉은 팥이 넉넉하게 들어 있어서 조화로운 맛을 낸다. 먹는 동안 나는 너무나 행복하다.

나는 이렇게 맛나는 것을 혼자만 먹지 않고 우리 학교 여러 선생님들과 지난해와 올해 몇 번 넉넉히 배달을 해서 나누어 먹었다. 다들 맛있다며 전화번호를 묻고, 한두 번씩 주문해서 먹는 것 같다. 우리 학교에 '안흥찐빵' 바람이 한동안 조금 불더니 이내 잠잠해졌다. 내가 이렇듯 좋아하는 이 빵을 우리 식구들은 얼마나 좋아할까? 배달 오는 날, 아이들은 많이 먹어야 한두 개, 아내는 서너 개쯤이면 그만이다. 안흥 가까이 사시는 시골 부모님도 그렇게 좋아하시지는 않는 것 같다. 떡을 좋아해서 떡도 먹어 보고, 식빵도 먹어 보고, 좀 귀찮아도 밥도 먹어 보았지만, '안흥찐빵'이 꽤나 오래도록 내 아침밥 노릇을 할 것 같다.

아침밥이야 그렇지만, 다른 때 나는 밥대장이다. 특히 사람들과 나들이를 가면 보통 사람의 두 배쯤(?)은 기본으로 먹는다. 오죽하면 동료들이 날보고 '2.5인분'이라고 부를까. 밥을 지을 때 먹을 사람 수를 헤아려 보고, 밥이 모자랄까 봐 걱정하기도 한다면 남들이 웃겠지. 밥쌀 속에 감자라도 삣어넣고, 반찬에 동물성(하다 못해 멸치라도)이 있으면 '3.5인분'으로 늘어날 수도 있다. 내가 동물성 가운데서도 유난히 좋아하는 산골 민물고기 매운탕이 끓고 있으면 식욕은 걷잡을 수 없이 늘어난다. 너무 많이 먹는 것이 몸에 별로 안 좋다는 걸 알고 조심하지만 좀체 고쳐지지 않는다. 아무거나 잘 먹는 나를 우리 장모님은 무척 이뻐하신다. 나 때문에 입 짧은 처남한테 자꾸 뭐라 하셔서 민망할 때도 적지 않다. 이렇게 먹으면서도 살찌지 않는 나를 부러워하는 사람들이 많은데, 사실은 요새 몸무게가 조금 늘었다. 몸이 아플 때도 먹성이 좋아서 건강을 빨리 회복할 거라고 좋은 말들을 해준다.

칠순을 바라보는 지금도 농사를 지으시는 우리 아버지는 지금도 밥 속에 감자가 들어있으면 덜 좋아하신다. 옛날에 하도 질리도록 잡수셔서 그렇다고 하신다. 나는 질리도록 안 먹어서인지(?) 질리도록 감자를 앞으로도 먹고 싶다. 여러 해 전 글쓰기 연수회 때 최열 씨에게 가공식품에 대한 강의를 들은 뒤부터 얼마 동안 멀리했지만, 결국은 객지에서 오랜 자취 생활하면서 질리도록(어느 날은 김치 한 조각 없이 아침, 점심, 저녁을 모두 라면으로 먹기도 했음) 먹었던 라면을 아직도 곧잘 먹는다. 누구보다도 많이 먹었을 옥수수도 여전히 누구보다 잘 먹는다. 질리도록 먹은 먹을거리를 질리지 않고 잘 먹는 내 먹성이 나는 참 좋다.

어려서 잠자리, 개구리, 매미를 잡아서 구워 먹은 이야기를 하다가, 물방개까지 구워 먹었다는 내 말에 엄청나게 놀라던 임성무 선생!

나, 이렇게 먹성 좋은 사람이오. 몸은 약해도 잘 먹는 힘으로 세상 살아가는 기운을 얻는지도 모르겠소. 어릴 때 내가 몸이 탈이 나서 우리 어머니가 하얀 색깔 닭똥만을 주워다가 볶아서 국물을 우려내어 먹였다는 이야기도 기억하고 있나요? 내가 그걸 못 기다리고 양철 쓰레받기 위에서 노랗게 볶아진 먹음직스러운 닭똥을 엄마 몰래 다 집어먹었다는 이야기는 잊어버렸겠지요?

(2001.09.20)

빡세게 일한 날

지난 수요일 저녁 아버지께서 전화를 하셨다.

"요새 많이 바쁘나?"

"예, 바빠요. 어째 하루도 한가한 날이 없네요."

그런데 느낌이 이상하다. 벼베기… 맞아. 그러잖아도 이번 주쯤 벼베기 하실 것 같아서 전화 드린다면서 미루고 있었는데.

"아버지, 벼 베셨어요? 이번 주말에 베실라구요?"

"벌써 벴지. 너 와서 벼 말리는 거 좀 도와줄 수 있겠나?"

나는 두말 않고 가겠다고 했다. 팔순을 바라보는 부모님이 벼 말리고, 무엇보다 그 벼를 쌀자루에 넣고, 경운기에 실어서 창고까지 날라서, 다시 내려서 쌓아야 한다. 요 몇 해째 도와드린답시고 가다 말다 했다. 지난해에 도와드리다가 너무나 힘든 걸 뼈저리게 느끼고 해마다 가겠다고 해놓고 잊고 있었던 거다.

23일 퇴근해서 저녁밥을 먹자마자 부모님 드릴 홍시를 사러 가락시장엘 갔다. 간 김에 '청도반시' 두 상자를 샀다. 요맘때 시골 갈 때 사다 드린 것 가운데 가장 좋아하신 게 홍시였는데, 지난해엔 사 드리지 못했다. 씨 없는 홍시를 두 분이 사이좋게 드시는 걸 상상만 해도 기분이 좋다. 드시다 남은 건 냉동실에 넣어두고 우리가 가면 꺼내주시며 두고두고 홍시 아이스크림 칭찬을 하실 테지. 한 상자는 이날 놀러 가기로 한 동무들과 나눠 먹으려고 더 산 거다. 쉰 몇 개짜리와 여든 몇 개짜리를 샀는데, 상자를 뜯어 반씩 섞으니 더 정성스러운 느낌이 들었다. 곧장 시골로 갈 걸 그랬나 싶은 생각도 들었지만, '이미 한 약속이니 얼굴만 보이고 가자' 하면서 두창분교로 차를 몰았다. 잠깐 얼굴만 내밀고 떠나려던 계획은 맘처럼 안 돼서 새벽 세 시 넘겨서 떠나, 아침 다섯 시를 넘겨서야 부모님께 갈 수 있었다.

밤을 새우셨는지 일찍 일어나셨는지 어머니가 부엌에서 송편을 쪄놓고, 솥에 무언가를 끓이고 계신다. 밥 차려주신다는 걸

"어머니 잠부터 잘게요. 그리고 어머니도 좀 주무세요."

하고 잠을 잤다. 세 시까지 선잠이라지만 다섯 시간쯤 잤는데도

잠이 마구 쏟아져서, 일어나니 아홉 시가 넘었다. 부모님은 벌써 일하러 나가셨다. 부모님과 똑같이 일어나서 진짜로 열심히 도와드리려고 했는데, 시작부터 이게 뭐야! 차려놓으신 밥상에 끓고 있는 돼지고깃국을 떠서 한 그릇 후딱 먹고, 동네 운동장에 가니, 두 분은 벼 말리느라 바쁘시다. 엄청나게 큰 멍석 네 군데에 쏟아놓은 벼를 곰배(곰방매)로 뒤적이고, 두 발로 골을 만들며 부지런히 왔다 갔다 하신다. 내 신발을 보시더니 장화로 갈아 신으라신다. 양말과 고무신을 벗고 긴 장화를 신고 아버지 하시는 걸 보며 쌓인 벼 밑바닥을 주욱주욱 밀고 다니며 아래 위를 뒤집고 한참을 다녔다.

"아버지 그저께 밤에 비가 왔나요, 일기 예보는 안 온다 하던데?"

"쫌 왔는데, 비니루 덮어서 괜찮어."

일하면서 석주 형님, 게이트볼 치러 오신 동네 어르신들을 만났다. 바쁠 텐데 어떻게 왔냐며 고맙다고들 하신다. 외숙모는 엄마, 아버지한테 힘이 될 거라고 하신다. 나는 죄스럽기만 한데.

준비 운동이나 마찬가지인 벼 말리기가 얼추 끝나자 벼를 자루에 담는 일이 시작되었다. 벼 담을 자루를 보니, 청테이프로 몇 번이나 붙인 것이 대부분이고 어떤 건 십 년도 더 쓴 거라고 하신다. (오늘도 어머니는 틈틈이 쥐가 썰어 구멍 난 자루를 청테이프로 때우셨다.) 아버지는 쓰레받기로 퍼 담으시고, 나는 40kg 담는 자루를 붙잡고, 어머니는 곰배로 벼를 계속 모으셨다. 이 쓰레받기는 우리 아버지가 함석을 잘라서 만드신 거다. 나는 사이사이 자루를 들었다 놓았다, 왼쪽 오른쪽으로 추스르고, 어지간하게 차면 지퍼를 잠가야 한다. 늘 그렇지만, 우리 아버지는 자루에 조금도 여유 없이 가득가득 부으신다. '아, 손톱 빠진다!', '교사 습진 걸린 내 손바닥 껍질 벗겨지겠네! 아, 쓰라려!' 기를 쓰고 벼를 양옆으로 욱여넣고, 지퍼를 닫아 보려고 용만 쓰고 있다. 이런 일 며칠만 하면 엄지, 검지 손가락 지문이 금방 닳아 없어지겠다. 조금만 자루 끝을 잘못 잡으면 벼가 한 움큼 쏟아진다.

옛날 같으면 뭐라 소리치실 아버지가

"잘 좀 잡아라. 끝을 잡아야지."

그냥 타이르신다. 내 보기엔 40kg 담을 자루에 45kg씩은 담는 것 같다. 그냥 40kg씩 담으면 덜 힘들고 더 빨리 담을 텐데도, 아버지한테 그 말을 차마 못 하겠다. 몇 자루 안 담았는데도 허리가 아파 온다. 올해 벌써 두 번인가 허리가 아파 치료를 받았는데, 영 부실한 허리가 문제다. 열한 시 반쯤 간식으로 떡과 홍시를 먹고, 두 시가 다 되도록 점심도 거르고 서른여섯 자루를 담아서 경운기로 실어 창고로 날라 쌓았다. 경운기에 싣는 건 나와 아버지가 같이 하고, 경운기 운전은 아버지가 하신다. 경운기에 올라가서 내려드리는 건 내가, 등짐으로 받아서 창고에 쌓는 건 팔순 앞둔 아버지가 하셨다. 내가 져보니 요령 없어 불안하다고 올해도 아버지가 하셨다.

점심을 먹으려고 장화를 벗으니, 물이 질퍽거린다. 장화 속으로 집어넣은 등산바지가 발목까지 푹 젖었네! 발등, 발가락, 발바닥 구석구석에 까만 고무 칠이 돼 있다. 대충 점심을 먹고 조금 쉬라서서 방에 잠깐 누웠는데 잠이 들었다. 아차, 나만 또 늦게 오후 일을 시작했다. 오전에 못 담은 벼를 열 자루쯤 담고, 매상할 벼를 먼저 담기로 했다. '풍구'로 겨와 지저분한 것들을 날려 보내고, 깨끗하게 해서 40kg씩 담아야 한단다. 자루는 오전 것과 똑같은 크기인데 구멍 난 것이 하나도 없는 새 거다.

"저 풍구도 아버지가 만든 거지."

어머니 말씀대로 아버지는 바람 일으키는 날개 장치만 사다가 손수 풍구를 짜신 거다. 참 놀랍다, 우리 아버지! 왕겨 나가는 것 받는 삼태기(저것도 만드신 거 아닐까?)를 받치고, 등겨 나가는 곳은 낡은 명석 조각으로 씌우고, 벼 나오는 곳은 판때기로 받치고…. 준비가 얼추 되자, 아버지는 풍구를 돌리시고, 나는 벼를 퍼 담고, 어머니는 곰배로 쌓인 벼를 끌어내시고. 마치 기계처럼 일을 한다. 내가 잠깐 풍구를 돌리는데 허리가 아프다. 그래서 무릎을 꿇고 돌리니 벼 낟알이 무릎에 깔려서 아파 죽겠다!

"서서 해야지. 자세가 왜 그래!" 하셔서

"저는 이게 편한데요."

하며 참고 걷다가 다시 일어서서 다리를 벌리고 서서 돌렸다. 다리를 그러고 있으니 곰배질을 하기가 불편하다. 그러다가 결국 벼 퍼 담는 일을 계속했다. 누구 하나만 일을 소홀히 해도 일을 망쳐야 하니 내내 긴장해야만 했다.

매상할 벼는 40kg짜리 스무 자루인데, 처음 풍구로 골라낸 벼가 여덟 자루쯤 되겠지 했는데 열 자루가 되니, 아버지 기분이 좋으신가 보다.

"올해 벼가 참 잘 됐다. 벼알이 통통해! 비료를 더 줬더라면 몇 가 마니는 더 났을 텐데." 하시다가 내가

"비료 많이 친다고 꼭 좋은 것도 아니잖아요?" 하니,

"아니지, 비료 많이 치면 벼가 죽는 수도 있지. 옛날에 매상할 때 는 다 쏟아놓고 말로 하나하나 돼 가면서 했지. 볏짚 가마니에 담아 서. 그땐 그 힘든 걸 어떻게 했는지 모르겠어."

매상할 벼는 찧어서 먹거나 팔게 될 벼보다 더 말려야 한다. 40kg 보다 500~600g을 더 담는데, '개피'라고 해서 자루 무게를 200g씩만 더 담으면 되는데, 넉넉하게 300~400g씩을 더 담으셨다. 오래된 말을 가져 오셔서 '궁글대'(곡식을 말이나 되로 담을 때, 수평으로 주욱 깎아내는 도 구) 대신 각목으로 훑어 내시며 여덟 말을 담고 재니, 40kg이 훨씬 넘

었다. 일곱 개를 담으니, 딱 40kg. 그래서 계속 일곱 개씩 담고, 주황색 작은 바가지로 2/3쯤 더 담으니 40kg 500~600g이 되었다. 이렇게 한 무더기를 담고, 다른 멍석 위로 풍구를 옮기고 또 장치를 만들었다. 나와 어머니는 까다로운 아버지 주문대로 이것저것 옮기고, 갖다 드리며 종종걸음을 쳤다. 아까 것만큼 되겠지 싶은 양을 풍구로 골라 내고, 매상 자루에 담기 시작했다. 그런데 내가 자루를 무릎으로 받쳐서 저울에 올리니, 100g쯤 모자란다. 물론 바가지로 더 넣는 벼의 양도 3/4쯤으로 늘었다. 몇 차례 되풀이하시더니,

"벼가 덜 말라서 그렇구나!" 하신다.

"벼가 마르면 부피가 줄지 않나요?"

하니 그 반대라고 하신다. 오전처럼 자루 가득 담지 않지만 말로 돼 가며 바가지로 눈금에 40kg 500g을 맞춰야 하고, 나는 나대로 여덟 말 담은 자루를 저울에 올려놓았다 내려놓으며 지퍼를 닿다 보니 오전보다 쉽지가 않다. 모두 조금씩 지쳐가는 것이 느껴진다. 오전에 마지막 벼 자루를 옮길 때 고장 난 경운기 때문에 농기계 고치는 데다 전화를 했는데, 암만 기다려도 오지 않아서 신경 쓰시느라 더 그런 것 같다.

내가 잠깐 '몸이 내 몸이 아니네!' 하는데,

"죽을래도 죽을 기운도 없네!"

하는 아버지 힘 빠진 소리가 들려서 정신이 번쩍 났다. 어머니도

"무슨 기운으로 농사를 져, 내년엔 농사 못 짓겠네!"

하신다. 나도 짐작은 하고 있었지만, 곁에서 부모님 숨소리 같은 말씀을 들으며 가슴이 뜯기는 것 같다.

"천천히 해요! 오늘 못 하면 내일 하면 되잖아요."

나중에 우리 벼 옆에 말리려고 펼쳐놓은 석주 형네 벼를 보고

"저 집 벼는 좀 검어 보이네요? 벼알도 쭉정이처럼 마른 게 많네요?"

하니, 어머니도 그렇다고 한다. 그래서 잠깐 쉬는 동안 아버지는

"갯가 논 남 안 준 거 마저 주기로 했다. 이 벼 심은 논만 한 해 더 부치기로 했어. 내 가지고 있는 농기계가 아깝고, 기술이 아까워서 한 해만 더 지어 볼란다."

"그러세요, 아버지. 힘들게 일하지 말아요. 저희들 쌀 주지 않으셔도 되니, 농사 조금만 하세요."

"그래도 그렇지, 느네가 용돈 주는데…. 저 논 한쪽에 둑을 쌓아서 밭으로 해서 고추나 심고…."

"잘 생각하셨어요!"

나는 못나게도 부모님이 농사를 아예 안 지으신다고 할까 봐 은근히 걱정을 하고 있었다. 한다는 소리가

"아버지, 게이트볼 열심히 치시고, 농사는 편하게 소일거리처럼

지으세요."

이 말이 아닌데….

오지 않는 처음 집 말고, 다른 농기계 수리하는 곳에 전화를 해서, 경운기 상태를 말하니 실어 가야 고칠 수 있단다. 없는 기운을 내어 다시 일을 시작했다. 두 번째 매상할 벼 고른 것이 기대와 달리 일곱 자루밖에 안 돼서, 풍구를 더 돌리고 열 자루를 채웠다. 아버지는 외갓집 사촌에게 경운기를 빌리러 가시고, 나와 어머니는 매상하지 않을 나머지 벼를 조금 작은 30kg짜리 망사로 된 자루에 담기 시작했다. 한참을 기다려도 오지 않아 걱정을 하고 있는데, 사촌 재현이가 농사용 트럭을 몰고 왔다. 재현이와 나는 정신없이 벼 자루를 트럭에 실었다. 매상할 벼 스무 자루, 보통 벼 열댓 자루를 창고와 게이트볼장 현관에 옮겨 쌓고 나니, 그냥 쓰러지겠다. 걷는데, 허리가 굵어진 것 같다. 몸을 움직일 때마다 구석구석이 아프다. 날이 서늘한데도 땀이 줄줄 흐르고, 머리도 뒷골이 찌근거린다.

재현이가 가고, 남은 벼 한 자루 반을 마저 담고, 오늘 일한 뒷정리를 한다. 멍석과 비닐들을 둘둘 말아서 묶고, 어딘가 쓰였을 각목과 꽤나 무거운 긴 철근 여러 개를 있던 곳으로 가져다 정리했다. 왕겨와 등겨도 어머니가 키로 까불러서 벼를 다시 골라내야 한다고 따로 두셨다. 마지막으로 풍구를 내가 앞에서, 아버지가 뒤에서 들고 지하실 농기구 창고 앞까지 옮겼다. (나는 이게 마지막인 줄 알고 있었는데 그게 아니었다. 내가 몸을 씻는 동안 어머니는 그 넓은 벼 말리던 자리를 다 쓰시고, 아버지도 자질구레한 뒷정리를 하셨다고 한다.)

아버지가 "니가 와서 이틀 할 거 하루에 다 했네!" 하신다. 어머니도

"수고했다. 니 병나겠다!"

하신다. 당연히 할 일을 하고 칭찬을 받다니. 평생 이보다 고된 일을 밥 잡수시듯 하셨을 아버지 어머니도 무척 힘들어하셨다. 일 마치고 나니, 집 시계로 여섯 시 사십육 분이다. 하늘을 보니, 별이 몇 개 보인다. 화장실에서 입었던 옷을 몽땅 벗고, 목욕을 했다. 발에 묻은 고무 때는 아무리 문질러도 지워지지 않는다. '영광의 흔적'으로 천천히 지워지겠지.

저녁을 먹고 방에 엎드려 있는데 믿음이 많이 모자란 내 마음속에 갑자기 '하나님 은혜'란 말이 떠올랐다. 내일이 한 해에 한 번 있는 '추수감사절'인데, 이번에는 예배 참석이 어려울 줄 알았다. 집 떠날 때 아내한테

"시골 일 도와드리다가 교회 못 오더라도 이해해 주세요!"

했는데, 내일이 아닌 오늘 안에 일을 마쳐서 주일날 아침 일찍 서울로 떠날 수 있게 됐다. 더구나 아내는 3부 예배 때 구역대표로 과일을 봉헌하기로 했는데, 그것도 볼 수 있게 되었으니 은혜다! 어머니가

바리바리 싸 주시는 온갖 먹을거리를 싣고, 어제 차에 실어놓은 양복에 넥타이를 매고 아침 일찍 시골집을 떠나 곧장 교회로 가서 예배에 참석했다. 한복 곱게 입은 아내가 헌물 봉헌하는 것을, 여러 가지 감사할 것을 생각하며 기쁘게 볼 수 있었다.

엊저녁 아홉 시 뉴스를 보시다가 좀체 일찍 안 주무시던 아버지가 졸고 계셨지. 어머니는 "우리가 커피 타 마실 새도 없이 일을 했네!" 하셨고. 갑자기 가게 됐지만, 늘 따라가고 싶어하는 우리 반 아이들을 내 가는 길에 데리고 갔으면 어땠을까. 월요일이 수학경시대회라서 어렵긴 했겠지만. 농사꾼 부모님이 평생 하신 일을 겨우 하루 하고, 말 그대로 '빡세게 일하고 큰 은혜를 받은 느낌'이다.

(2009.10.25.)

2부

교실
이야기

늘 되돌아가고 싶은 고향

나는 우리 반 아이들이 세월이 흘러 되돌아볼 때쯤 우리가 만났던 한 해를 '늘 되돌아가고 싶은 고향'처럼 느꼈으면 좋겠다. 그래서 함께 기쁨과 슬픔을 나누며 한 식구처럼 지내는 활동을 많이 하려고 애쓴다.

'한 교실에서 많이 울고 많이 웃으며 다정스럽게 지낸 아이들이 적어도 남의 가슴을 아프게 하지는 않겠지. 비겁한 삶을 살지는 않겠지. 제 한 몸뚱이나 챙기는 그런 얄팍한 삶을 살지는 않겠지.'

재주 없고 욕심만 많은 나는, 이 욕심 때문에 남보다 고생을 조금 더 할 작정을 하고 온갖 궁리를 하며 산다. 내 욕심으로 아이들을 힘들게 하고 있는 건 아닌지 조절하면서도 욕심은 좀체 줄어들지 않는다.

나는 먼저 교실을 내 집처럼 편안하고, 맨몸으로 와도 조금도 불편하지 않게 갖춰 놓고 아이들을 기다리려고 애쓴다.

지난 3월 7일, 내 손때가 구석구석 묻어 있는 천 권쯤 되는 '학급문고'랑 남들은 쓰레기 같다고 버릴지도 모를 온갖 짐들을 이삿짐센터에 맡겨 화양학교로 실어왔다. 남들은 "무슨 물건들이 이리 많으냐?" 하겠지만, 나는 지금 살림살이를 정리하면서도 이것저것 필요한 것들이 끊임없이 떠오른다.

교실에는 한쪽 벽을 다 채우고도 모자라서 반대쪽 창턱 위까지 학급문고가 꽂혀 있다. 남은 교실 빈자리에는 여러 가지 놀잇감이 가지런히 놓여 있다. 장기알과 바둑알, 장기판 여덟 개, 쌓기놀이, 퍼즐놀이, 도미노놀이, 실뜨기, 체스놀이, 고누놀이, 윷놀이, 볼링, 칠교놀이, 팽이치기, 공깃돌, 눈가리개와 돗자리, 매트까지 놀거리가 풍성하다. 아니 놀이 방법을 설명하는 코팅한 안내글도 두 벌이 있네.

축구공, 농구공, 배구공이 모두 열두 개(*한 스무 개 됐는데, 올봄 교실도 비좁고 바람을 넣기만 하면 하루도 안 가서 찌그러지는 것들을 아이들에게 분양하고 남은 것임)에 학년 공 여섯 개까지 공도 많다.

여러 벌 걸 수 있는 옷걸이가 두 개 있는데, 얼마 전에 보니 그 튼튼하던 옷걸이 다리가 망가져 있었다. 남들이 버리는 물건들을 줍거나 고쳐서 새것처럼 만들어 놓은 건데, 속이 상해서 화를 내려다가 아주 조금만 내고 참았다.

이것 말고도 이전에 〈함께 쓰는 물건〉이라고 해서 가위, 풀, 색종이, 도화지, 자, 각도기, 심지어는 리코더까지 여러 개의 통에 담아 놓고 함께 썼다.

〈시 맛보기〉판과 〈잉글리쉬 존〉이 벽에 걸 자리를 잃어버리고 프로젝션 텔레비전 위에서 먼지를 뒤집어쓰고 있다. 우선순위에서 앞선 〈우리는 모두 시인이다〉와 〈낙서판〉("선생님, 할 말 있어요!" "얘들아, 내 말 좀 들어 봐!") 〈선생님 일기〉〈재미난 숙제, 신나는 우리들〉이 아이들 사랑을 기다리고 있다. 물론 우리 반 삶에서 가장 중요한 글쓰기 결과물을 모으는 〈참 삶을 가꾸는 글쓰기〉와 아이들이 늘 가지고 다니는 〈'시와 노래' 공책〉, '시와 노래'를 위해 내가 모은 노래테이프와 교실에 갖다 놓은 시디 60여 개, 이 밖에도 정말 별의별 것이 다 있는 것 같다.

놀이기구 담는 바구니도 깔끔하게 손질하거나 바꾸고 없어진 것들도 채워야 하고, 할 일도 많은데, 먼지 펄펄 나고 쓰레기가 다 된 저 물건들을 나는 아직도 버리지도 손질하지도 못하고 있다. 내가 마련한 것이 많긴 하지만, 아이들이 가져온 것이 반은 될 거다. 이러다 보니, 교실이 복잡하고 비좁은 느낌이 든다. 그렇지만, 작은 그릇과 바구니에 담겨서 아이들 손길을 기다리는 물건들이 내 눈에는 조화롭기만 하다.

저마다 책가방에서 '내 것'을 꺼내 '혼자만' 쓰는 모습은 너무나 보기 안 좋다. '우리 것'을 꺼내 '같이' 쓰는 모습은 참 아름답다! 모두가 '내'가 내 가방에서 '내 ○○'을 꺼내 쓰지 않고, '함께 쓰는 물건'을 가져다가 쓰는 모습을 나는 바란다. '내 물건'을 그 곳에 내놓으면 '우리 것'이 되는 것이다.

노는 시간이면 '학교 공'을 제쳐두고 '우리 반 공'을 빌리러 오는 다른 반 아이들이 늘어나고 있다. 십 년을 훨씬 넘긴 바람 자꾸 빠지는 정든 공 여러 개를 지난해 봄에 아이들에게 분양했다. 다른 반이 빌려간 물건들을 악착같이 찾아오다가, 요즘 들어서는 '우리 반에 안 돌아오면 우리 학교 어느 아이가 가지고 놀 테지'하고 '악착'을 좀 줄였다.

"얘들아, 집에 가야지. 부모님이 기다리시잖아?"

"어머니, 아버지 집에 없어요. 늦게 가도 괜찮아요. 아니 교실이 좋아요."

내 자리에 앉아 일을 하고 있는데, 몇 아이가 남아서 놀잇감을 가지고 정겹게 놀고 있다. 이따금 내게 별 것을 다 묻는다. 나도 시간이 남을 때는 아이들이랑 장기도 두고 이런저런 이야기를 나눈다. 정답다. 포근하다. 어쩔 땐 나도 집에 가기 싫고, 집에 가면 어서 내일이 왔으면 싶을 때도 있다.

교실을 이렇게 단장하는 까닭은 '늘 돌아가고 싶은 고향' 같은 교실을 만들고 싶어서다.

1988년부터 1991년 동안에는 〈헌 옷 손질해서 바꿔 입기〉 〈부모님 빌려드리기〉를 했는데, 참으로 푸근한 교실을 만들어 주었다. 이 과정에서 우리는 '자존심'을 자연스레 버리고 스스로 '허물'도 털어놓을 수 있었다.

1989년 4월 어느 날 도덕 시간 '오전 내내 울면서 공부한 일'[2]를 나는 잊을 수가 없다. 그래서 그 정신을 잇는 이런저런 궁리를 불쑥불쑥 한다. 〈숨기고 싶은 이야기 글쓰기〉 〈시장 아주머니를 내 어머니처럼〉 같은 '재미난 숙제'들도 그 가운데 하나다.

좋은 책 읽기, 학급문고 여는 잔치, 학부모에게 책 빌려주기, 〈시와 노래〉, 〈'그리움' 공책〉, 생일 축하 잔치, 전학 가는 동무 이별 잔치, 골고루 해 보기, 재미난 숙제, '참 삶을 가꾸는' 글쓰기 공부, 학급문집 만들기, 비밀 친구, '마음과 마음을 이어주는' 편지 쓰기, 반 어린이 헌장 만들기, 학부모 모임 갖기, 자연이나 역사 유적 찾아가기, '노가바' 대회, 연필 깎기 대회, 함께 쓰는 물건, 삼벌식 타자기 치기, 글(시) 맛보기, 작은 놀이 한마당, '동아리 일기' 쓰기, 낙서판, 궁리해서

---

2 '울면서 한 식구 되기' 참고

놀기, 〈시와 노래〉로 놀기, '우리 것'으로 놀기, 옷 바꿔 입기, 가까운 수용 시설 남들이 안 찾아갈 때만 찾아가기, 담임도 일기 쓰기, 선배와 만나기, 3분 말하기, 수학 공부 배우고 가르쳐 주기, 학용품 민속 무늬로 꾸미기, 탈춤·풍물 기본 익히기, 특별점심, 남을 위해 기도하기, 우리 반 학부모가 우리 반 다른 아이 학부모 돼주기….

학년 초에 한 해 동안 활동할 내용을 일정표로 짤 때 조금은 느슨하게, 3월에는 서로 마음을 열고 한 가족이 되는 활동, 4월에는 새싹이 돋는 따스한 봄에 어울리는 활동, 5월에는 어린이, 어버이, 스승에 대한 활동, 이런 식으로 대강의 내용을 머릿속으로 그리는 정도 이상은 계획을 안 세운다.

대강의 계획을 세워 그동안 했던 활동들을 그때그때 상황에 맞게 조금씩 바꿔가며 불쑥불쑥 해보는 것이 참 좋다. 남들이 하던 활동을 할 때도 절대로 똑같이 따라 하지 않는다. 너무 어지럽지 않을 만큼 자꾸 새롭게 바꾸면 아이들도 더 흥미로워한다. 연필 깎기 대회에서 주는 상의 이름을 재미있게 바꾸고, 연필을 깎기 시작할 때 하는 '선서' 내용도 조금만 고치면 분위기가 확 달라진다.

미리 꼼꼼하게 일정을 짜 놓으면 아이들이 준비를 하고 그 행사를 기다리고 하는 좋은 점도 있지만, 아이들 분위기에 따라 순발력 있게 일을 '갑자기' 벌이거나 꼭 필요한 날짜만큼만 예고를 하면 아이들도

'어떻게 선생님은 우리 마음을 딱 알아채셨을까?' 놀라며 좋아한다. 문제는 아이들이 좋아한다고, 어떤 때는 내가 좋아서 자꾸만 행사를 벌일 때가 있는데 어느 만큼만 하고 참을 줄 알아야 하는데 나는 그게 잘 안 된다. 모두 좋아한다 해도 싫증내는 한두 아이 생각을 먼저 해야 하니까.

앞에 소개한 활동들이 어떤 내용일지 대부분 짐작이 가겠지만, 그렇지 않은 것들은 나중에 기회가 되면 다시 설명을 하겠다. '골고루 해 보기'만 해도 흔히 '일인일역'이라고 하는 활동을 조금 바꾼 것이다. 아이들이 반을 위해 할 일들을 동아리 수만큼 나누어, 한 주일마다 모든 일을 바꾸어 가면서 골고루 해 보는 것이다. 직업에 귀천이 없듯이 '일인일역'에도 귀천이 있을 수 없다. 심부름꾼(반장, 부반장)도 똑같이 '쓰레기통' '우유'를 날라야 한다. 학급어린이회를 할 때 각부 반성도 '골고루 해보기'에 따라서 한다.

그런데 이 '동아리'는 사회과 조사 발표도 같이 하고, '동아리 일기'도 같이 쓰고, 그밖에 '작은 놀이 한마당' 같은 걸 할 때 한 편이 되기도 하고 같이 하는 활동이 꽤나 많다. 이 동아리가 우리 반이 흔히 말하는 '동아리'고, 〈시와 노래〉를 가르치는 '노래 동아리', 청소하고 싶은 날이 같은 아이들끼리 모인 '청소 동아리', 뜻 맞는 아이들이 모인 '춤 동아리', '환경 동아리' '놀이 동아리'까지 복잡하기만 하다. 그냥 말하는 '동아리'는 학기마다 한 번 바꾼다. 이렇게 얽히고 설킨 우리 반 활동들은 내가 설명하기도 어렵고, 남들이 알아듣기도 어렵겠다. 그렇지만 우리 반 식구들은 그런 혼란이 없다.

우리 반 아이들과 함께 지내는 한 해 동안 도시 아이들에게 '고향'을 만들어 주고 싶다. 아니 헤어져 이 세상을 살아가다가 지치고 힘들 때, 외로울 때 되돌아보면 마음에 위로를 주고 힘을 주는 '따뜻한 고향 뒷동산' 같은 시절이 되게 해주고 싶다. 나는 그 고향 뒷동산 작은 바위나 참꽃 한 그루쯤 되면 좋겠다.

나는 아이들과 헤어지면 그 순간부터 아이들을 그리워하기 시작한다. 참 염치도 없다. 마음 조절도 잘 못하고 버럭 화내고 어쩌다 손바닥까지 치며 사랑이라고 포장을 한 내가, 그럴 자격이 있을까? 그래서 보내고 난 그 순간부터 '속죄'하는 마음으로 그들을 위해 기도하고, 그들의 후배들에게는 조금은 더 나은 선생 노릇을 하겠다고 다짐에 다짐을 한다. 우리 교실이 상처받으며 자라는 아이들에게 부족한 걸 조금이라도 채워주는 공간이 되면 좋겠다.

(2006.04.08.)

스스로 움직이는 아이들

익승이 바보 똥개

내가 선생으로서 확실하게 성공한 것을 말하라면, 그 첫째로 '권위 없는 교실'을 말할 것이다. 나는 자주

"나는 노무현 대통령보다도 권위가 없어요, 집에서도 교실에서도."

그런다.

"익승아, 김익승!"

하고 부르는 아이. 우리 교실 복도를 지나가며

"익승이 바보!"

"익승이 바보 똥개!"

요즘은 그도 바뀌어서 "김익승~" 부르고, 내가 쳐다보면 "선생님!" 이런다. 아이들보다 내가 먼저 마음 문을 열고 허물없이 만나려고 한다. 아이들 고쳐야 할 것들이 보이면 고칠 생각보다 '저걸 그냥 개성으로 어떻게 살려 줄 수 없을까'부터 생각한다.

배워서 남 주자

"공부 못하는 건 부끄러운 일이 아니다. 더 부끄러운 것은 모르면서도 아는 척, 못하면서도 잘하는 척하는 거다. 모르면 모른다고, 못하면 못한다고 당당히 드러내자. 그리고 가르쳐 달라고 부탁하자. 매달리자. 잘하는 동무에게, 선생님한테. 악착같이 달라붙어 귀찮게 하면서 배우자. 나중에 너희가 어른 됐을 때, 아들딸이 '엄마, 이거 어떻게 풀어요?' 물을 때 아무 대답도 못하지 않았으면 좋겠어. 그리고 배워서 남을 주려면 뭔가 아는 게 있으면 더 좋지 않을까. 물론 공부 말고도 나눠 줄 게 얼마든 있기는 하지. 그래도 이왕 하는 거 최선은 다하자고. 토요일 빼고 날마다 한 시간 넘게 내가 너희 공부방 선생님이다. 나랑 남아서 공부하고 싶은 사람들은 누구든 좋아."

내 꼬임 덕분인가 공부 잘하는 진아가 같이 공부하겠단다. 학습부 진아 명단에 오른 아이들 네 명에 진아까지 다섯이 날마다 남아서 문제 풀고, 서로 가르쳐 주고, 알까기 공기놀이도 하며 책도 열심히 읽는다. 그러다 네 시가 넘어서 간다. 학원 간다, 무슨 일 있다고 빠지던 아이도 점점 빠지는 날이 줄어들더니, 얼마 뒤 다빈이가 들어오고 어제부터는 지인이도 남기 시작했다.

> "부진아들은 선생님이 잘 가르쳐 주셔서 고마워하고 있습니다"(용범)
>
> "맞아요."(혜진)
>
> "열심히 공부해서 시험은 문제없어요."(진아)
>
> "열심히 공부해서 그 배움을 다른 사람들에게 나눠 줄게요." (진아)

아니, 즈네 입으로 '부진아'란 말을 쓰고 있네! 학기말 시험을 앞두고 이 아이들 마음이 이런 줄 알고 나니 기분이 좋다. 진아한테

"넌 공부 잘하는데, 이렇게 하는 공부가 도움이 되냐?"

넌지시 물으니,

"그럼요, 가르쳐 주는 재미가 얼마나 좋은데요."

한다. 정재를 온 정성으로 끈질기게 가르쳐 주는 참 훌륭한 선생님이다.

노래 동아리가 하나뿐이야!

오후에 노래 '우리 이야기'를 가르칠 연습을 하는데 반주자인 수빈이가 없다. 혜상이가 반주하는데 조금 틀리지만 열심히 연습을 한다. 옆에 해윤이랑 지인이가 반주가 틀려도 노래를 곧잘 부른다. 조금 아쉬운데도 노력이 기특해서

"내일 아침에 잘 가르칠 자신 있냐?" 하니

"예!" 소리가 아주 크다. 네 명으로 시작한 노래 동아리. 다빈이가 중간에 들어온 거 말고는 변화가 없다. 아이들은 오후에 늘 바빠서 연습도 조금 하다 말다 한다. 우리 반에 합창부가 다섯 명 있는데도 그 녀석들한테 노래 동아리 하라고 강요를 안 했다. 나는 뭐든 '하기 싫은 거 억지로 안 시킨다'는 원칙이 뚜렷하다. 옛날처럼 아이들이 뜨겁게 참여하지 않아서 아쉽지만, 불씨나 살리자는 마음으로 끊지 않고 하고 있다. 내가 그랬다.

"야, 혜상이 반주 어지간한데…! 니가 반주자 하면서 노래 동아리 하나 더 만들 수 있겠네!" 했다. 부추긴 거지, 사실은. 요즘 슬슬

"나도 노래 동아리 들어가면 안 돼요?" 소리가 들린다. 며칠 전 희연이가 노래 동아리 들어오겠다고 해서 내가 그냥 받아주려다가

"노래 동아리 아이들이 오디션을 해라." 했다. 그런데 희연이가 떨

어졌단다. 목소리가 작아서. 배부르네, 노래 동아리!

예쁜 아이들이 조금씩 늘고 있다

해윤이, 혜진이, 경현이, 정재, 진아, 현세, 성현, 범석이, 예닮이, 예은이, 지원이, 지인이, 수빈이, 용범이, 혜상이, 희연이, 진경이 등.

아침에 와서 집에 갈 때까지 내가 이거 해라, 저거 해라, 이렇게 해라, 저렇게 해라, 간섭하지 않아도 스스로 움직이는 교실을 늘 꿈꾼 다. 기계 인간은 참 싫다. 더우면 문 열 줄 알고, 어두우면 불 켤 줄 아 는 아이들이 날마다 늘고 있다. 스스로 조절이 잘 안 되어 자꾸 수다 떨다가 날 보면 깜짝 놀라는 용범이와 혜진이도, 달리기 장난을 몸살 나게 하는 현세와 성현이도, 조금씩 달라지고 있다.

다른 날보다 일찍 교실을 나서는데, 마음이 참 따스하다. 시계를 보니, 5시 8분.

아이들한테 실망해서 삐지고 우울해하던 젊은 날 생각이 난다. 요 즘은 아이들이 천사라는 생각이 흔들리지 않는다. 예쁘고, 존경스럽 고, 고마울 따름이다. 늘 절절매었지만 화내는 요령이 참 많이 늘었 구나 싶다. 화를 벌컥벌컥 내는 일은 눈에 띄게 줄었고, 화를 내다가도 멈추고 언제 그랬냐는 듯 방실거리며 새 얼굴로 공부를 하니까 말이다. 어느 날 긴 시간 아이들과 냉전을 할지 모르지만, 우리 교실 지금이 참 행복하다. 무엇보다 올해 아이들과 앞으로 잘 될 거라는 믿음이 흔들리지 않는다.

(2009.06.24.)

내가 많이 하는 말과 생각들

"너희는 날 잊어도 난 못 잊을 거다."

"착하고 아름답게."

"건강한 어린이, 정직한 어린이, 공부 잘하는 어린이."

"아는 것은 힘이 아니다. 알면서 실천하지 않으면 모르는 것보다 더 나쁘다."

"배워서 남 주면 못 쓰냐? 배워서 남 좀 주자."

"내가 착한 일 한 것을 남이 알까 봐 두려워하자."

"아무도 찾지 않으려 할 때 찾아가기."

"학교는 학교장이 조금 힘들어도 아이들 가르치는 교사들이 즐겁고, 교사들이 조금 힘들어도 아이들이 즐거워야 한다."

"누구에게 내 변명하는 것을 부끄러워하자."

"남이 하는 걸 똑같이 따라 하면 다 실패한다."

"내가 필요한 친구를 찾지 말고, 나를 필요로 하는 친구를 찾아라."

"남의 아픔을 내 아픔으로 여기며 살 수는 없을까."

"욕먹는 거보다도 아이들에게 최선을 다하지 못하는 게 부끄럽다."

"슬픔은 나눌수록 작아지고, 기쁨은 나눌수록 커진다."

"더불어 살자."

"한 알의 밀알이 되자."

"나는 죄 많은 선생이다."

"가만히 아무 일도 하지 않으면서 '그냥' 좋은 세상이 올 거라는 무책임한 사람이 하는 말을 믿지 말라. 온 세상 사람(선생과 학부모)들이 머리 맞대고 밤새워 아이들 걱정을 한다면 그때야 희망이 조금, 아주 조금 보일지도 모른다."

"똑똑한 사람을 조심하자."

"똑똑한 체하는 자에게 너무 기죽지 말고 나름으로 맞서는 것이 진실을 지키는 길이다. 그 사람들 별 거 아니다."

"우리는 '너그러워야 할 때는 냉정하고, 진짜로 냉정해야 할 때는 필요 없이 너그럽지 않았나' 늘 자신을 되돌아 봐야 한다."

다른 말은 별일 없었는데 '죄 많은 선생이다'란 말을 이해하지 못하는 분들은 꽤 되더군요. 좋은 뜻에서가 아니라, "선생이 왜 죄인이냐? 선생만큼 착한 사람들이 어디 있느냐?"면서 날 이상하게 볼 때 정말 비애를 느꼈습니다. 나는 진짜 죄인입니다. 이 말들은 내가 입버릇처럼 내뱉고, 글로 쓰기도 하고, 무엇보다 내 마음가짐이나 행동을 할 때 나를 가다듬는 울타리가 되는 것 같습니다.

숨기고 싶은 이야기

올 한 해가 몇 달 안 남았다. 이맘때면 내가 늘 되돌아보는 것이 있다.

'우리 반 아이들과 가슴 따스한 시간이 있었나?'

'반 아이들과 감동으로 눈물 흘린 적이 있었나?'

'말로만이 아니라 진정으로 학년 초보다 한 식구같이 되었나?'

아쉬움이 있긴 하지만, 올해도 선생 노릇에 최선을 다하고 있다는 생각이다. 내가 선생 노릇 제대로 하고 있는가의 기준은 '숨기고 싶은 이야기' 글쓰기를 했느냐 안 했느냐에 있다 해도 지나치지 않다. 글쓰기 회원이 되고 나서 따스한 눈물 흘리며 공부한 날이 많았다. 그러나 어느 때부터인가 그런 날이 사라지기 시작했다. 더 이상 힘이 안 나고, 아이들과도 멀어지고, 가슴을 쥐어뜯으며 한 걸음 한 걸음 힘들게 선생 노릇을 했다. 그러다가 몇 년 전 만난 오학년 아이들과 그런 글쓰기를 하게 되었다. 다시 아이들 가까이 다가갈 힘이 생겼다.

학습 진도에 여유가 있고 내 마음도 넉넉할 때, 나와 우리 반 아이들 사이가 스스럼이 없어질 무렵 기도하는 마음으로 '숨기고 싶은 이야기' 글쓰기를 하기로 했다. 칠판에 '숨기고 싶은 이야기'라고 큰 글씨를 썼다. 아이들이 어리둥절할 때

"얘들아, 오늘은 그동안 너희가 살아오면서 아무에게도 단 한 번도 털어놓아 본 적이 없는 이야기를 글로 쓸 거야."

"…."

"내가 여러분 글을 읽을 텐데, 나를 얼마나 믿나요? 많이 믿는 사람도 있을 테고, 조금밖에 안 믿는 사람도 있겠지요. 아예 불안해서 믿지 않는 사람도 있을지 모르지요."

"…."

"내 약속할게요, 여러분이 털어놓는 이야기는 여러분 가운데 단 한 사람이라도 반대하면 공개하지 않을게요. 나 혼자 읽고 좋은 선생이 되는데 자료로만 쓸게요. 조금이라도 찜찜하면 쓰지 마세요. 단 한 줄을 써도 좋으니, 부담스러운데도 억지로 쓰면 절대 안 됩니다. 이름은 밝히기 싫으면 감추시고, 성만 써도 좋아요."

찬물을 끼얹은 듯 조용한 교실. 나는 현암사가 펴낸 '주제가 있는 어린이 글모음'《엄마 아빠, 그건 싫어요!》와《우리의 아이들은 지금》처럼 아이들이 공감할 만한 글 몇 편을 아이들 반응을 살펴 가며 읽어주었다. 어린이재단에서 펴낸 소년소녀가장 수기집에서도 예비 글을 몇 편 준비해 두었다. 글을 읽어주는 동안 나도 모르게 몇 번이나 목이 메었다. 도저히 읽기 힘이 들 때 엄마 없는 아이 이야기인 '찔레꽃'과 '슬픈 우리 아빠' 노래를 불렀다. 아까부터 몇 아이가 훌쩍이고 있었는데, 곳곳에서 우는 아이들이 늘어난다. 식구들 정을 느낄 수 있는 '조용한 식사', '아버지' 같은 시 몇 편을 더 읽어주었다.

종이를 나누어 주고, 아이들은 말없이 글을 쓰기 시작했다. 그렇게 조용히 집중해서 공부하는 모습이 아마 처음이었을 거다. 다 쓴 글은 뚜껑 있는 통 안에 넣게 했다. 나는 내내 마음이 조금은 불안했다. 아이들에게 상처를 주는 건 아닐까? 나를 얼마나 믿고 얼마나 털어놓아 줄까?

아이들 글을 집에 가서 읽는데, 한두 편을 읽으니 가슴이 콱 미어져 왔다. 망치에 맞은 듯 머리가 띵했다. 오학년 아이들이 이렇게 아프게 살고 있다니! 내가 이 아이들의 선생이라고 할 수 있나? 참으로 부끄럽구나! 내일 아침 아이들 얼굴을 어떻게 볼까? 아이들 얼굴을 떠올리며 글을 읽는 동안 마음이 무겁고도 무거웠다. 그래도 마음이 놓인 것은 서른다섯 아이 가운데 이름을 감춘 아이는 여덟 명. 차라리 "쓸 내용 없음"이라고 짧게 한 줄 쓴 아이 글을 보니 참으로 고마웠다. 아이들 이름은 바꾸고 연도는 감추었다.

우리 엄마 아빠

우리 엄마 아빠는 어쩌다 한 번 싸우시는데도 나는 눈물이 난다. 엄마와 아빠가 싸우실 때 나는 혹시라도 엄마 아빠가 다치실까 봐 나는 엄마 아빠한테서 눈을 떼지 못한다. 나는 그런 엄마와 아빠의 모습을 볼 때마다 너무 속상하다. 안 싸우시고 살면 안 되나? 나는 매번 이렇게 생각한다. 엄마는 어쩌다가 혼자 우실 때도 있다. 엄마와 아빠는 서로 의견이 안 맞아서 싸운다고 하시지만 나는 이해할 수가 없다. 그렇다고 머리를 뜯고 그렇게 심하게 싸운 적은 없다. 그래도 난 싸우는 것이 싫다.
엄마! 아빠! 싸우지 마세요. 나는 그때마다 눈이 퉁퉁 붓도록 울 때도 있다.

미운 여름

나의(→우리) 아버지는 매지라는 일을 하신다. 매지란 벽돌 마디마다 시멘트를 넣는다. 그 시멘트는 독해서 꼭 장갑을 껴야 한다. 아버지는 여름에 일 많으셔서 손에 물집이 생기신다. 나는 그 물집 터트리는 걸 보며 마음이 아프다. 떨어져서 일하시는데 며칠동안 못 보는 것 슬프다. 여름이 아주 얄밉다.

말싸움

우리 부모님은 부부싸움을 할 때 말로 싸운다. 엄마가 싸우는 주제로 "어쩌구 저쩌구 하니깐 그렇잖아요" 하고 밀어붙이면 아빠는 듣기만 한다. 그러다가 아빠는 "아, 그만해", "아, 시끄러워" 라고 한다. 그래도 엄마가 "어쩌고 저쩌고" 하면 어쩔 때는 주먹을 높이 들어 때리려고 자세를 잡은 적도 있었는데 그때는 엄마가 "때려 봐 때려 봐"하는 말투로 계속 말한다. 나는 그럴 때마다 이불을 뒤집어 쓴다.

다음 날 아침 나는 초롱초롱한 아이들 앞에서 뭐라 할 말이 안 떠올랐다.

"여러분 글 잘 읽었어요. 여러분, 참으로 대단해요, 존경스러워요. 앞으로 여러분한테 잘 해 줄게요."

아이들은 고개를 끄덕이며 만족한 표정을 지었다. 방학하면 어떤 때는 아이들 이름까지 잊어버릴 만큼 딴 일에 빠져 지내던 내가, 방학하는 그 날부터 아이들이 보고 싶은 거다. '어서 개학날이 왔으면!'

오랜만에 이런 기쁜 날도 오는구나! 개학하고 약속처럼 잘 해주진 못했지만, 아이들과 예전처럼 지낼 수 있었다. 아이들이 참 고맙다. 아쉬운 건 쓴 글을 공개하는 걸 몇 아이가 반대를 해서 약속을 했기에 같이 나누어 읽지를 못한 거다. 헤어지기 전에 어떻게 해서라도 가슴 열고, 누가 쓴 글인가는 밝히지 않더라도 쓴 글 맛보기를 했으면 참 좋았을 텐데. 많이 아쉽다. 그렇지만 그 글쓰기 공부는 글을 쓴다는 것만으로도 매우 가치 있는 일이라고 생각한다.

(2006.10.25.)

울면서 한 식구 되기

내가 아이들과 지내면서 마음껏 웃으며 재미있게 지내려 애쓰는 것 못지않게 틈만 나면 노리는 일이 있다. 아이들을 울게 하는 일이다. 그것도 그냥 맥없이 우는 것이 아니라 가슴 뭉클한 감동으로 자신도 모르게 눈물이 주르르 흐르게, 어떤 때는 소리 내어 엉엉 울게 하는 것이다. 그런데 아이들 울리기가 갈수록 어렵다. 나 혼자 울 때가 더 많다!

선생 되고 처음 얼마 동안은 재미난 옛날이야기를 많이 들려주었다. 언젠가 월간 교육잡지에 실린 이승복 어린이 이야기를 얼마나 감정을 살려 읽어주었는지 반 아이들 대부분이 눈시울을 적시던 기억이 난다. 물론 읽어주는 나도 감동에 겨워 목이 메었다. 내 고향이 무대인 이야기고, 이미 들어서 알고 있던 이야기에 반공정신까지 보태 가며 진지하게 읽어주던 부끄러운 내 모습이 자꾸 되살아난다. 이 뒤에도 어디 잡지나 신문 구석에서 감동을 주는 이야기 한 도막이라도 보이면 오리거나 베끼거나 해서 가지고 있다가 자연스레 상황이 되면 읽어주고 들려주었다. 아이들은 참으로 순진했고, 이야기 속에 빨려 들어가 감동에 젖곤 했다. 옛날이야기는 주로 웃음과 지혜를 주는 것이 많았는데, 감동을 주는 요즈음 이야기들은 (내 나름의 생각으로 볼 때) 도시 아이들에게 부족한 눈물을 주는 것이 대부분이었다. 부모 잃고 할머니와 살아가는 착하디착한 어린 소녀, 병든 아버지 병간호를 하며 소년가장 노릇하는 어린이, 독학으로 수많은 자격증을 따고 의사까지 된 김사달 박사, 이런 분들이 이야기의 주인공들이었다.

그러던 것이 글쓰기회를 알고 나서부터는 참삶을 가꾸는 좋은 글들을 소나기 맞듯이 만났다. 막연하지만 내 마음속에 그리고 있던 좋은 글에 대한 −'감동'을 중요하게 여기는− 생각이 크게 벗어나지 않았다는 반가움에 이전보다 더 감동을 주는 시, 이야기글(신문), 동시, 동화들이 이전의 것들을 밀어내기 시작했다. 읽어주거나 들려주며 내 보탬 말이 없어도 아이들이 자연스레 감동을 하고, 글쓰기 공부에 까지 이어지니 참으로 신이 났다. 그래도 제 버릇을 남 주지 못하나 보다. 아이들 글모음이나 동화를 읽을 때도 내 가슴을 뒤흔든 것들에 더 눈길이 가고 아이들한테도 더 읽어주고, 더 읽게 했다. 1987년부터 지금껏 해오고 있는 〈시와 노래〉의 시나 노래를 고르는 기준도 그 바탕은 눈물이다.

그렇게 몇 해를 아주 신바람 나게 아이들과 지내다가 1988년, 내가 언제 어디서라도 내 선생 노릇에 자신감을 갖게한, 참으로 궁합이 잘 맞는 아이들을 만났다. 6학년짜리 다 큰 녀석들이 쑥스러워하는 선생 팔장을 끼고 어깨에 매달리고⋯. 한 발 더 아이들에게 다가갈 수 있는 자신감을 갖게 해 주었다. 무얼 해도 열심이고 잘 하는 데다 무엇보다도 그 어느 해 만난 아이들보다 밝고 명랑했다. 그러니 한 번도 해보지 않았던 여러 가지 재미있고 뜻깊은 활동을 참으로 많이 했다. 졸업하는 날, 많은 아이들이 눈물을 펑펑 쏟았고 학부모들도 적잖은 분들이 슬픈 표정이셨으니까. 눈이 퉁퉁 붓도록 통곡을 하며 울던 몇 아이 모습은 지금도 잊혀지지가 않는다.

1988년의 자신감으로 다음 해에는 망설이지 않고 6학년 담임을 다시 맡았다. 지난해 경험을 바탕으로 신나게 알차게 꿈같은 시간이 흘러갔다. 늘 마음만 먹고 제대로 하지 못하던 학부모 모임도 적지 않은 학부모들의 호응으로 달마다 한 번씩 알차게 모여서 뜻깊은 시간을 가질 수 있었다. 그러니 아이들과도 쉽게 가까워졌고, 전에 미처 떠올리지도 못했던 궁리들이 마구 솟구칠 지경이었다. 가만히 놔

뒤도 한 형제처럼 정다운 아이들인데, 이 분위기를 더욱 무르익게 할 기회가 자연스럽게 찾아왔다.

1989년 4월 13일 도덕 시간. '즐거운 우리 집'이라는 단원을 공부하는데, 우리 반이 모두 한 식구라는 생각이 갑자기 내 마음속에서 윙윙거리는 거였다. 미리 준비한 것도 아닌데 나는 도덕 시간에 아이들에게 읽어줄 책을 찾기 시작했다. 교실에 꽂혀 있던 주제별 글모음인 《엄마 아빠 그건 싫어요!》,《우리도 알고 있어요》,《우리의 아이들 지금은》, 그 밖에 소년소녀 가장들이 쓴 수기 모음 몇 권과 선배들 학급 문집 속에서 읽어줄 글 몇 편을 챙겨놓았다. 이때까지만 해도 그냥 '아이들 가슴을 조금이라도 열게 해주자', 집안에 걱정거리 있는 아이들이 '나보다도 어려운 환경에서 살아가는 아이들이 많구나!' 느끼게 해주고 싶은 생각이었다.

큰 기대를 않고 글 몇 편을 읽어주고 있는데, 갑자기 어디서 훌쩍이는 몇 아이의 모습이 눈에 들어온다. 나는 깜짝 놀랐다. 이 책 저 책을 오가며 여러 가지 어려운 처지에서 아파하는 또래 아이들 글을 읽고 또 읽어주었다. 내가 읽어주는 글을 이렇게 진지하게 듣는 아이들을 여태까지 본 적이 없었다.

나는 아이들에게 작은 소리로 "집안에 걱정거리나 고민 있는 사람 있으면 말해 볼래요?" 물었다. 그런데 ○○이가 "저희 어머니가 돌아가셨는데요." 하며 말을 꺼낸다. 이어서 △△이는 울먹이는 목소리로 "우리 어머니는 두 분인데요. 날 낳아 준 어머니는 집을 나가셨고, 지금 새어머니랑 사는데 새어머니가 더 좋아요." 하고 말하고 책상에 엎드려 우는 게 아닌가? 나는 난감했다. 이렇게까지 속 이야기를 털어놓을 줄 전혀 짐작하지 못했기 때문에 어떻게 수습을 해야 할지 순간 나는 정신이 없었다. 벌써 반도 넘는 아이들이 울기 시작했다. 나는 아이들 분위기도 좀 정리할 겸 나도 생각할 시간 좀 벌 겸해서 '찔레꽃' 노래를 부르라고 했다. 그런데 '찔레꽃' 노래를 부르기 시작하자마자 불에 기름을 부은 듯 교실은 울음바다가 되어갔다. 무슨 초상집도 이 이상은 아닐 것처럼! 노래 부르는 동안 많은 아이들이 자리에서 일어나 울고 있는 동무의 어깨를 감싸 안으며, 등을 도닥여 주며 위로를 해주고 있다. 나도 그저 눈물을 하염없이 흘리며 이 아름다운 광경을 바라만 보고 있었다.

시간이 꽤 흐르고 아이들이 조금 진정되었을 때, 나는 칠판에 커다란 글씨를 썼다.

"우린 한 식구, 우리는 한 식구."

아이들은 차분하게 자리에 앉았다.

"얘들아, 오늘 이 눈물을 우리 잊지 말자. 우리 동무들이 털어놓은 슬픈 이야기들을 내 이야기처럼 여기고 그 동무 마음을 어떤 일이 있어도 아프게 하지 말자. 아니 할 수만 있다면 위로해 주고 힘이 돼 주자. 나도 그럴 테니까. 그리고 오늘 이 일은 우리 반 아닌 그 누구에게도 말하지 말자. 우리만의 비밀로 영원히 간직하자."

이런 식의 이야기를 들려주고, 아이들 몇이 울면서 제 속마음을 털어놓았다.

점심시간이 되자 다른 반 아이들이 울고 있는 우리 반을 신기한 듯이 들여다보며, 창밖에서 우리 반 아이들에게 이것저것 묻는다. 나는 수돗가에 가서 씻고 밥 먹고 글쓰기를 하라 했다. 씻으면서도 울고 밥 먹으면서도 울던 이 아이들은 다섯째 시간 쓴 글을 발표하면서 또 한 번 느껴 울었다. 한 식구가 되자고 마음을 다지고 또 다진다,

이렇게 감동 어린 공부를 하던 이 아이들과 너무나 뜻이 잘 맞던 학부모들과의 만남이 전국교직원노동조합에 대한 탄압이 심해지면서 다 무너져간다. 학교장은 우리 반 아이들 공책을 조사하고, 빵을 사 주면서 요즘 무슨 노래를 배웠느냐고 묻고, 학부모 가운데 몇 분은 그토록 믿던 담임을 이상한 교육을 하는 선생이라고 오해를 했다. 나는 그 팔팔하던 기운이 다 빠져 '피골상접'한 모습으로 결국 각서를 썼고, 타협한 양심이 부끄러워 아이들 앞에서 제대로 선생 노릇을 할 수가 없었다. 공부를 가르치다가도 나도 모르게 "얘들아, 미안하다!" 소리를 버릇처럼 했고. 그 신명나게 하던 풍물놀이, 탈춤, '인간비행

기' 들을 가르쳐 주다 말고 더 가르쳐 줄 기운이 빠진 나를 제쳐두고 자기네끼리 엉터리로 열심히 운동장에서 연습하던 모습을 보며 참으로 많이 울었다. 그때 눈에 보이게 나빠진 건강이 결국은 지금껏 내 부실한 몸뚱이를 고단하게 하고 있지만, 그땐 정말 내 몸뚱이나 챙기는 나쁜 사람이 되고 싶지 않았다.

그해 아이들에게 너무나 미안해서 '어서 졸업 날이 다가와서 아이들이 내 곁을 떠나가 주었으면!' 하는 엉뚱한 생각도 많이 했다. 1학기 처음 두어 달 빼고는 제정신으로 선생 노릇을 한 것 같지 않은 그 해를 돌아다보면 아이들과 헤어질까 봐 울던 기억만이 또렷하게 남는다. 나로 해서 전교조에 몸을 담고 지금은 나보다 더 열심이 되어 버린 심 선생은 나를 대신해서 다른 학교로 학기 중에 전근을 갔다. 그 반 아이들과 우리 반 아이들은 또 울었다.

졸업할 무렵 ○○이는 "우리 아버지가 새어머니를 맞아 결혼을 하시게 됐단다. 얘들아, 축하해 줘."해서 우리 가슴을 또 한 번 따스하게 해주었다. 그 ○○이가 10년이 흐른 뒤 '모교사랑'[3]에서 나를 찾으며 올린 글.

....

3   모교사랑 사이트(iloveschool.net) : 그 당시 동창회를 이어주며 선풍적인 인기를 누림

◆ 찾는 분 : 김익승

항상 건강이 좋지 않으시던 선생님…

언제나 참교육을 설파하시던 선생님…

그리고 철없는 나에게 세상을 가르쳐 주신 선생님…

아직도 나에게 은사님은 김익승 선생님뿐이 없습니다…

이젠 세상에 많이 물들었지만

그래도 그때의 마음을 기억하며

살아가려고 노력합니다…

선생님!! 건강하게 살아계시기를…

(○○○ 2000. 06. 22)

"…여전히 사랑스러운 우리 아이들에게 우리 것의 소중함을 심어
주시는 일을 하고 계시겠죠? 참교육을 위해서 어렵고 힘든 싸움을
하시던 선생님 모습이 눈에 선합니다. …선생님, 보고 싶습니다.
그리고 그때가 너무나 그립습니다. 반찬 나눠먹기, 배워서 남 주
기, 또 탈춤 배우기, 〈시와 노래〉 배우기, …마지막 날 저희들을 한
명 한 명 안아주시며 눈물을 흘리시던 선생님의 모습이 떠오릅니
다. 선생님!! 보고 싶습니다!!!"(2000. 10. 15)

이 해 아이들을 내 나름으로 표현한다면 '선생 하는 동안 가르친 아이들 가운데 미안한 게 가장 많은 아이들! 지금도 그 아이들 생각만 하면 눈물이 날 것 같은 아이들! 정말로 못난 담임인데도 그렇게나 따르던 아이들!' 이렇다. 그런 아이의 대표라 할 수 있는 6년 만에 대학생이 되어 찾아온 찬은이가 〈그리움〉 공책에 쓴 글.

"…우선 부끄럽다는 생각만 들어요. 무엇이 옳은지 어떻게 살아야 하는지도 모르고 지낸 시간들이. 고등학교 3년 동안에는 애들과 어울리기에 바빴습니다. 놀다가 선생님 생각나면 얼굴이 빨개지고, 맘 편하게 '선생님 생각 안 해야지' 마음먹은 적도 있어요. 실망스러우시죠?…"

(1996년 2월 신명학교를 떠나는 날 소영이 상민이랑 찾아와서)

나는 아이들에게 따스한 양지가 되고 싶은데, 자꾸만 그늘이 되고 있다는 느낌을 지울 수가 없다. '슬픔(아픔, 눈물, 외로움, 가난,…)도 힘이 된다'는 말에서나 희망을 찾을까? 1989년 4월 13일 했던 공부는 내가 아이들을 대하는 마음가짐을 늘 되돌아보게 한다. '숨기고 싶은 이야기 글쓰기'도 거기서 배운 것이다. 올해 아이들과는 언제쯤 이런 공부를 할까? 기회만 엿보고 있는데, 언제쯤 그 순간이 올까? 한 식구처럼 지내는 게 쉽지는 않겠지. 그래도 하는 데까지 힘을 다 쓰고 싶다. 어느 한 해도 이 꿈을 버린 적은 없다.

(2005.04.12.)

그리움

1981년 자양초등학교 6학년 13반 아이들이 중학생이 되어 자주 놀러왔어요. 어떤 날은 우리 반 아이들보다도 졸업생들이 더 많은 날도 있었으니까요. 나는 꼭 떡을 사 주었는데, 언제부턴가 아이들이 올 때 아예 떡을 사 가지고 오더라구요. 어느 날인가, 내가 출장을 다녀오니까 교실 칠판 가득 아이들 글씨가 써 있는 거예요.

"우리가 빗속을 뚫고 어렵게 어렵게 선생님을 찾아왔는데, '우리 허락도 없이' 어딜 출장을 가셨나요?"

"앞으로는 우리 허락 없이 출장을 함부로 가지 마세요."

뭐 이런 식의 글로 칠판 왼쪽 꼭대기부터 오른쪽 아래까지 꽉 차게 써 놓은 걸 보니, 가슴 속에서 뭔가가 울컥하고 솟아오르는 게 아닌가요? '아, 이 녀석들이 나를 무척이나 보고 싶었나 보구나!' 그때부터 눈치 보며 외출을 하며 지내는데, 어느 날 또 무슨 일로 교실을 비우는 일이 생겼습니다.

다음 날 아침에 교실에 들어가니, 아이들이 다녀간 흔적이 보이는 게 아닌가요. 칠판에 낙서가 지난번보다는 적은데, 내게 쓴 글이 아니고 후배들에게

"김익승 선생님 좋은 분이니 너희들 말 잘 들어라. 말 안 듣고 우리 선생님 힘들게 하면 나중에 우리한테 혼날 줄 알아라."

뭐 이런 내용을 써 놓은 거예요. '이상하다!' 생각하며 책상에 앉으니, 공책 한 권이 펼쳐져 있어요. 맨 앞쪽을 보니,

"우리가 공책 한 권을 마련했습니다. 선생님을 찾아왔다가 안 계시면 이 공책에다 선생님께 하고 싶은 이야기를 써놓고 갈게요. 이 공책은 우리가 찾기 쉽게 선생님 책꽂이에서 눈에 가장 잘 띄는 곳에 꽂아두셔야 해요. 아셨지요?"

그 뒤로 이 아이들은 나를 찾아올 때마다 내가 있든 없든 그 공책에 글쓰기를 참 좋아했습니다. 한 친구가 쓰면 다음 친구가 재촉을 하며 차례를 기다리고, 아무리 바빠도 공책에 글만은 꼭 쓰고 가는 게 아닌가요?

나는 그 뒤에 다른 반 담임을 하고 나서도 그리움 공책 만들 생각

을 전혀 안 하고 있다가 1986년 가락초등학교 6학년 8반을 담임할 무렵, 이 아이들에게도 헤어지고 나면 이런 공책을 한 권 만들어 놓아야겠구나 하는 생각이 들었어요. 마침 1982년 구의초등학교가 새로 생기면서 몇몇 아이들이 새 학교로 갈라졌다. 그때 김정하와 이은하가 이쁜 공책 한 권을 선물로 주고 간 것이 있어서 그리움 공책으로 쓰기로 했지요. 아 참, 이때까지 이 공책의 이름이 따로 없었거든요. 그런데 그 공책 앞표지에 '낭만적'인 그림과 함께 '그리움 DIARY'라는 글자가 공책 이름처럼 인쇄 돼 있는 게 눈에 띄는 거예요. 그래서 번쩍 '이 공책들의 이름을 이참에 그리움이라고 짓자'는 생각이 떠올랐지요. 물론 아이들도 좋다고 했구요. 이것이 두 번째 그리움 공책인데, 1987년 4월 22일 조혜은이부터 쓰기 시작했어요. 이날 다섯 명이 다녀갔지요. 그 다음해부터는 담임하는 반마다 그리움 공책을 만들기 시작했지요.

1987년 2학기 학급문집부터는 그리움 공책에 실린 글들을 추려서 싣기 시작했어요.

"선생님, ○○○ 아버지가 돌아가셨어요. ○○○가 참 불쌍해요. …우리 아버지가 하시는 일이 잘 안 돼서 우리 집이 요새 많이 쪼들립니다. 선생님 우리 집을 위해 기도해 주세요. …△△△

가 날라리가 되었어요. 그 착하던 △△△가요. 아무리 말려도 들어먹지도 않아요. 선생님, 어쩌면 좋지요? …약아빠진 아이들을 '바보'로 만드시기 참 힘드시죠…."

1989년, 무척이나 힘겹던 그 해에는 휘청거리는 나를 응원하고 걱정하는 이야기들이 넘쳐나기도 했지요. 나는 맥이 다 빠져도 그리움 공책을 들춰 읽으며 기운을 냈습니다. 아이들이 너무나 그리워서, 어쩌면 그 아이들 곁을 영영 떠나게 될 수도 있다는 생각에, 한 자 한 자 읽으며 아이들 글 사이사이에 내 마음을 적어 넣기도 했어요. 그 뒤에는 예전에 견주어 눈에 보이게 덜 찾아오는 아이들에게 보내는 내 마음을 적어넣기도 했지요. 이 '그리움'에는 우리 반이던 제자들 글이 대부분이지만, 더러 우리 반이던 아이를 따라온 다른 반 아이가, 우리 반 아이의 누나가,

"저도 써도 돼요?"

해서 우리 반에 대한 부러움을 쓰기도 합니다. 드물지만 학부모님들도 쓰는 분들이 있었답니다.

내가 글쓰기 교육에 관심을 가지기 전부터 시작한 일이지만, 아이들과 헤어진 뒤에도 '글쓰기'의 끈을 이어주는 참 좋은 '글쓰기' 가운데 하나라고 생각해요. 몇 년 전 인터넷 동창회 바람이 일 때 우리

반 청춘들은 음식점에서 밥을 먹다가도 '잠깐' 글쓰는 시간을 가졌습니다. 2~30명이 그리움 공책을 돌려가며 쓰기가 복잡해서 내가 준비해 간 작은 쪽지를 나눠주고 탁자 모서리에, 방바닥에 쪼그리고 앉아서… 이런 글쓰기 하는 젊은이들을 본 적이 있나요? 아마 거의 다 '김익승 선생반' 제자들이 그리움 공책 글쓰기 하는 걸 겁니다. '그동안 살아온 이야기', '초등학교 때를 되돌아보며', '담임(친구들)에게 하고 싶은 말' 들을 오랜만에 집중해서 쓰는 그들 모습이 참 행복해 보입니다. 바라보는 나는 더 행복하구요.

1992년 어느 아이는

"선배들 그리움 공책을 읽으니 동화책 읽는 것 같아요. 그 글들을 모아서 책으로 만들어도 좋겠어요."

하기도 했거든요. 남들이 뭐래도 나는 동화보다도 더 감동스럽고, 내가 선생 하면서 아끼는 보물 가운데서도 아주 귀한 보물이랍니다. 열심히 쓴 반의 그리움 공책은 다섯 권째가 되기도 했지만, 아직 한 권도 채우지 못한 그리움 공책들을 보면 아쉬움이 없지 않지요. 몇 년만에 한 제자가 쓰더라도 나는 이 공책을, 아니 '그리움'을 소중하게 잘 간직하고 있을 겁니다. 그리고 다른 선생님들에게도 그리움 공책을 꼭 만들어 보시라고 권하고 싶습니다. 나와 우리 제자들에게는 '늘 돌아가고 싶은 고향'을 만드는 데 없어서는 안 될 귀중한 자리를 차지하고 있는 것이 그리움 공책입니다.

(2005.01.12.)

※ 그리움 공책을 추려서 일부 올립니다.

요즘 난 조금은 지쳐있었다. 직장 다닌 지 4년이 조금 지나서인지 출근하는 아침이 예전과는 다르다. 처음 직장에 들어와서는 뭐든 열심히 하고 즐겁고 친절하게 대하려고 했는데 요즘 내 생활을 보면 지금하고 있는 일에 익숙해지고 여유 있어진 게 사실이지만 더 편하려는 생각과 다른 하고 싶은 것들에 대한 생각으로 조금은 복잡했다. 이런 생각들이 들 때쯤 6학년 8반 반창회를 한다는 얘기를 듣고 나갈까 말까 망설였지만 선생님께서 나오신다는 얘기를 친구들에게 듣고는 선생님과 친구들이 보고 싶어서 나가기로 결심했다. 처음에는 낯설었지만 시간이 지날수록 친구들의 모습이 한명 두명 눈에 들어오고 선생님의 모습이 예전과 같으신 줄 알았는데 조금은 나이 드신 모습에 연락도 못 드리고 안부전화 한 통 안 한 게 죄송스럽기만 했다. 시간은 참으로 많이도 흘렀지만 그 시절을 기억하며 이야기꽃을 피우고 웃음 가득한 친구 등을 보며 난 참으로 행복했고 마음 편했다. 모두들 나름대로 열심히 생활하는 것 같았고. 잘 지내는 것 같아서 기뻤다. 늦게 도착하고 일찍 나와서 친구들과 많은 얘기를 못했지만 다음 모임 때는 못나온 친구들도 많이 나와서 많은 얘기할 수 있었음 좋겠고 좋은 일이든 힘든 일이든 함께 할 수 있는 만남이 되었음 한다. '친구'라는 말은 언제 불러도 언제 울어도 우리를 마음 편하게 한다. 그 날 모임 후 난 부자가 된 것 같다. 많은 친구들을 다시 만나게 됐으니.

지금 여기서 선생님께 글을 적고 있으려니 지난 일들이 떠오르네요. 꼭 89년의 일들이 아니라 제가 그동안 지내왔던 일들이 떠오릅니다. 제 삶 속에선 예전에 선생님께 들었던 말씀들이 늘 살아 있었던 것 같습니다. 그동안은 그저 별로 의식하지 못하고 행동하고 생각해 왔는데 그런 제 모습들 속에 선생님의 가르침이 함께 했다는 걸 지금 깨닫고 있습니다. 고등학교 졸업하고 나서 매일(*날마다) 쫓기듯이 살아왔어요. 군대에 있는 지금 이 시간이 제 삶에 있어 가장 긴 휴식기가 아닐까 싶습니다. 군대에 있으면서 늘 막연하게 '난 무슨 말을 하지.' '뭐가 되려나.' 걱정을 많이 했습니다. 하지만 힘들게 사람답게 제 자신에게 최선을 다하고 주위에 귀를 기울일 수 있는 사람이 되겠다고 생각해 왔습니다. 오늘 선생님께서 저에게 해주신 말씀을 들으니 마음이 무척 따뜻해졌습니다. 그동안 듣고 싶었고 찾았던 답이었습니다. 지난 10년이란 시간이 짧고도 길게 느껴지는 지금입니다. 건강하세요. 선생님의 제자라는 사실이 정말 자랑스럽게 느껴집니다.

더 보고 싶은 아이들

　우리 반 아이들은 헤어지고 나서도, 자기들끼리도 자주 만나고 내게도 많이 놀러온다. 인정이 메말랐다는 요즈음, 그것도 도회지 초등학교 졸업생들이 서로를 그리워하고 이따금이라도 만나 정을 잇고 산다는 것이 너무나 보기 좋다.

　오래 전에 있었던 반창회 이야기이다. 아이들은 내가 보고 싶으니, 꼭 와서 반창회를 빛내 달란다. 사실은 내가 즈덜을 더 보고 싶어 하고 있는데. 교실에 반이 넘게 모인 아이들은 모두 천진스런 초등학생으로 되돌아가 이야기꽃, 웃음꽃을 활짝 피우고들 있다. 그 즐겁기만 한 분위기에 내가 찬물을 끼얹었다.

　"얘들아, 이 자리에 지유와 창민이도 왔다면 얼마나 좋을까?"

반창회 내내 두 아이 얼굴이 어른거려 마음이 무거웠는데, 나도 모르게 말했다.

남들이 다 가는 중학교도 못 가고 공장에 다니는 지유와 중국집에서 자장면 배달을 하고 있는 창민이 생각을 잠깐만 하자고 했다. 나는 지유한테 온 편지를 읽어주었다. 창민이 소식은 같은 동네에 사는 아이가 대신 들려주었다.

친구들 편지에 모두들 나 때문에 걱정을 많이 했다고 하더군요. 친구들과 선생님, 걱정시켜서 죄송해요. (줄임) 선생님, 저 여기서 제일 큰 슬픔이 하나 있어요. 그것은 지금 오빠가 교도소에 있는데요. 며칠 전에 재판하는 델 가보았는데 3년 동안 있어야 한대요. 큰 죄는 아니고 그냥 누구랑 싸웠나 봐요. 내가 면회를 가면 오빠는 아무 말도 않고 울고만 있어요. 그래도 5남매 중에선 제일 많이 배우고 제일 똑똑한데…. 6형제 중 막내이신 아버지마저 고생만 하시다가 돌아가셨어요. 아버지가 안 계신 45일은 저에게는 언제나 어두운 밤이었어요. (줄임) 반창회엔 참석 못 하지만 그날 제가 그 자리에 있다고 생각해 주세요. 선생님, 제 걱정일랑 마세요. 여기 공장에서 열심히 일하고 있으니깐요. 매일 쾅쾅거리는 기계 소리가 이젠 익숙해져서 어떨 땐 한 곡의 노래로 들려요.…(지유)

멀리 대구에서 지유가 눈물로 써 보낸 편지를 들으며 많은 아이들이 눈시울을 적셨다. 더 이상 돌봐 줄 피붙이 하나 없는 서울을 떠나 고생길로 들어서는 걸 뻔히 보면서도 아무 힘도 못 돼준 것이 두고두고 마음이 아프다. 그날 집에 돌아가서 어느 아이가 쓴 편지의 일부이다.

> …항상 염려하여 주시는 선생님을 잊고서 자기 생활에만 매달리는 저희가 왠지 괘씸하기도 합니다. 저희는 그저 선생님 걱정, 부모님 걱정, 여러 사람들의 걱정과 보살핌 속에 편히 지내고 있지만, 힘든 공장 일을 하며 우리를 생각하고 있을 지유, 아니 모든 어려운 처지에 있는 사람들을 생각하니 갑자기 저희가 죄라도 지은 것 같고, 콧등이 시큰함을 느낍니다. 어려움이 있으면 즐거움이 있고, 불행이 있으면 행복이 있듯이 모든 불우한 이웃들은 용기를 잃지 말고 살았음 좋겠습니다.…(함석신)

이 일이 있고 다음 모임 때 아이들은 창민이를 데리고 왔다. 아이들과도 모일 때마다 오지 못한 친구들을 생각하는 시간을 꼭 갖자고 약속을 했다. 아이들은 어떤 친구라도 편히 올 수 있는 자리를 만들려고 애쓰고, 어쩔 수 없어 못 오는 친구들은 소식이라도 주고받으며 지내고 있다. 그렇지만 지유는 끝내 오지 못했고, 그나마 3년 동안 나와 주고받던 편지마저 끊어져 버렸다.

이때부터는 가르치는 아이들에게도, 헤어지고 나서 기쁘고 즐거울 때만 서로를 찾지 말고, 슬프고 답답할 때 더 큰 힘이 돼주자고 많은 다짐을 한 것 같다. 그렇게 다짐한 아이들이 반창회를 열었다. 아이들은 당당하게 자기 이야기를 했다. 스스로의 결정으로 상고에 가기로 했다는 선아, 재수를 할 거라는 삼주, 남이 뭐래도 바보처럼 살겠다는 병기,….

특히, 보통 때 말이 별로 없던 삼주가 이번 시험에 떨어졌지만 너희들이 너무나 보고 싶어서 왔다며, 내년에는 꼭 고등학생이 되겠다고 말할 때 아이들은 함성까지 지르며 손뼉을 힘차게 쳤다. 대순이는 공고에 들어간 걸 창피하게 생각했는데, 선아의 말을 듣고 자신감이 생겼다며 누구 못지않은 기술자가 꼭 되겠다고 했다. 나도 기분이 좋아서 한마디 했다.

"너희들 오늘 너무나 고맙구나! 재수를 하면 어떻고, 상고, 공고를 갔으면 어떠냐? 우리는 초등학교 6학년 같은 반으로 이 자리에 모인 거 아니냐? 이렇게 만나 서로의 어려움을 이야기하고 격려하면서 함께 살아가야 하지 않겠니? 난 대학 나와 뽐내는 제자보다 어려워도 떳떳이 살고 있는 제자를 더 사랑할 거다. 다음 반창회 땐 오늘 못 본 얼굴들을 더 많이 볼 수 있게 우리 모두 애쓰자."

오고 싶어도 못 오는 지유나 창민이 같은 아이들, 이 아이들을 잊은 채 여는 반창회가 무슨 뜻이 있겠는가. 못난 선생에게 제대로 배우지도 못하고, 어려운 집안 환경이나 뒤떨어진 공부 때문에 남들처럼 가슴 한번 활짝 펴보지 못했을 것만 같은 아이들 소식이 언제나 궁금하다. 앞으로도 아이들을 만날 때마다 그 자리에 오고 싶어도 못 온 아이들을 더 생각하고, 할 수만 있다면 찾아가 힘이 돼 주고 싶다.

(2006.04.05.)

희수와 용주

(오래 전 일이라 기억을 되살리기가 쉽지 않군요. 더러 적어 놓은 것이 있을 텐데 어디 있는지 찾을 수가 없군요. 내용은 사실과 크게 다르지 않겠지만, 그래도 두 제자의 이름은 가명으로 했습니다.)

'늙은 교사(군인)의 노래'를 부를 때마다 "꽃 피고 눈 내리기 어언 삼십 년"에 이르면 가슴이 뭉클해지더니, 내가 그 삼십 년째 선생이란다. 그 동안 가르친 제자가 천 명이 훨씬 넘는데, 언젠가 제자들이 너무나 그리워서 연습장에 떠오르는 이름들을 쓰다가 나도 모르게 눈물을 흘린 적도 있다. 모든 제자들 소식이 궁금하지만 유난히도 어려운 집안 환경에서 고생하며 학교 다니던 아이들과 내 속을 무던히도 썩이던 제자들 생각이 더욱 간절하다.

그런 제자들 가운데 가장 먼저 떠오르는 희수와 용주. 1976년, 1979년, 서울 변두리 자그마한 대왕초등학교에서 3학년, 6학년을 분반을 하지 않은 덕분에 같은 아이들과 생활할 수 있었다. 두 아이는 3학년 때만 해도 공부는 바닥이지만 키 작고 말썽도 별로 안 피우는 순둥이 단짝이었다. 그런데 6학년이 되어 만나니 손버릇이 나쁘다는 소문이 들린다. 내가 다른 반 담임을 하는 2년 동안 '희수·용주들'은 틈만 나면 우리 반 교실로 몰려와 "제발 내년에는 우리 선생님이 돼 주세요!" 애원을 하니 그 바람을 뿌리칠 수가 없어서 다시 한 번 담임을 맡았다. 우리 부부가 결혼할 때 종로 5가 이화예식장 그 먼 데까지, 그해 우리 반 아이들보다도 이 아이들이 더 많이 몰려올 정도였으니까.

남의 자전거를 몰래 타다가 걸리고, 동네 구멍가게에서 과자나 사탕 따위를 슬쩍하다가 걸리고…. 걸리기도 참 잘 걸렸다. (그만큼 수법이 서툴렀다고 해야 하나!) 봄 소풍 가는 날은 둘이서 어느 고궁에 남루한 옷차림으로 놀러 다니다가 음식점 주인의 눈에 띄어 잡혀오기도 했다. 그러던 것이 2학기에 들어서니 조금씩 대담해져 갔다. 어느 날 버스 토큰 가게에서 토큰을 자루째 들고 나오다 걸린 것이다. 마침 내가 학교 숙직이라 파출소 순경이 교무실로 오고, 화가 난 나는 두 아이 부모님을 학교로 오시라 했다. 희수 아버지는 약한 몸으로 막노동을 하고 어머니도 성남에서 채소 노점을 하며 겨우 살아가는 형편이었다. 용주네도 비슷한 형편이었던 걸로 기억하고 있다. 이런 저런 사실을 알아보다가 희수 부모님이 희수가 훔쳐 와서 숨겨놓은 푼돈을 별 죄책감 없이 썼다는 이야기를 듣고, 나는 흥분하기 시작했다. "부모가 돼서 그럴 수가 있습니까?" "아이보다 부모님이 더 나쁘시네요!"…. 나보다 나이 많은 어른들인데, "뭐 이런 선생이 다 있어!" 하고 덤비면 나는 꼼짝 못하고 당할 상황이었는데도 나는 참 당당하고 겁이 없었다. "집에 돈이 한 푼도 없어서 썼어요." 하는 희수 어머니의 기운이 하나도 없는 얼굴이 지금 떠오른다. 토큰털이를 성공했으면 꽤나 큰 도둑질이 될 뻔했는데, 그 때까지 이 아이들이 건드린 돈은 천 원짜리는 거의 없고 100원, 50원, 10원짜리 동전이 대부분이었다.

그 일이 있고 얼마쯤 지났을까, "엄마가 선생님한테 미안하다고 이거 갖다 드리래요." 희수 어머니가 시장에서 파는 배추와 열무를 한 보따리 보내주셨다. 가슴 뭉클한 감동으로 받아놓고는 야간 대학에 다니느라 며칠 동안 깜빡 잊고 지내다가 신문지로 싸인 선물을 열어 보니, 열무·배추가 누렇게 상해버렸다. 희수에게 "배추가 참 싱싱하더라. 어머니께 김치해서 잘 먹었다고 말씀드려." 거짓말을 할 수밖에. 누구랑 다툴 줄 모르고 늘 축 처져 있던 두 아이. 나쁜 손버릇만은 어떻게라도 고치길 바랐는데도 안타까워만 하다가 졸업을 했다.

대왕학교를 떠난 뒤에도 아이들이 보고 싶어서(아이들은 내가 보고 싶어서) 얼마 동안 토요일마다 학교 안에 있는 통일동산으로 갔다. 중학생이 된 아이들은 늘 열 명은 넘게 '그리운 선생님'을 보러 나와 있었다. 그때마다 희수와 용주는 보이지 않고, 희수의 나쁜 소식은 들려왔다. 어느 토요일 날을 잡아 두 아이 집을 찾았다. 희수 아버지는 옛 담임이 왔다고 맥주 한 병을 외상으로 사 와서 따라 주시며, "학교에서 잘리게 생겼다"고 한숨을 푹푹 내쉬며 담배를 태우신다. 중학교가 집에서 워낙 멀어서 신문보급소에서 먹고 자며 지내다가 가출을 한 것이다. 그러면서 "우리 애가 착한데 저 놈의 용주 놈이 이웃에 살아서 버려 버렸다."고 하신다. 용주 부모님은 또 희수한테 물이 들어서 그렇다며 이사를 할 예정이라고 하신다.

그 뒤에 들은 두 아이 소식들이 가물거릴 때, 고등학생이 된 용주의 편지를 받았다. 아주 잘 쓴 글씨에 "옛날 철없이 속 썩혀드린 것 죄송합니다. 성실하게 공부해서…" 하는 내용이 그 세월을 어떻게 살았는지 짐작하게 해 주었다. 희수에게 늘 이끌려서 행동하는 주관이 좀 부족해 보이던 용주가 달라진 모습을 상상하기만 해도 흐뭇했다. 희수 소식은 전혀 알 수 없고, 용주 소식도 다시 끊어진 채 지내던 1980년대 말쯤, 어떻게 내 사는 곳을 알았는지 고덕주공아파트 우리 집으로 두 아이는 청년이 되어 찾아왔다. "부모님이 김익승 선생님 좀 찾아 봐라. 옛날에 너 때문에 너무나 고생이 많으셨잖냐." 하신다며 엎드려 절을 한 채 울먹이며 일어나지를 못한다. 내 건강도 많이 안 좋을 때라 두 아이는 더 마음이 아팠나 보다. 희수는 여주 근처에서 중장비 기사로 열심히 일하고 있다며, 소방공무원 시험을 치르고 한다고 했다. 얼마 뒤 결혼을 한다고 해서 용주보다도 희수는 꼭 결혼식 주례를 부탁할 줄 알았는데…, 희수 결혼식 날 식장에 앉아 있는데 서운한 마음이 들기도 했다. 그래도 제 아내와 아들까지 데리고 내 근무하는 학교를 찾아온 제자는 여태까지 희수밖에 없다.

사는 게 뭔지. 믿음직스럽게 자라서 잘 살고 있는 걸 내 눈으로 봤으니 소식 없어도 마음을 놓고 사는 동안 또 아홉 해가 흘러갔다. '모교사랑'*iloveschool*이란 사이트가 있는 줄도 모르고 지내다가 어느 제자가 독촉을 해서 뒤늦게 들어가 보니, '그리운 선생님'에 나를 찾는 여러 제자들 글이 있다. 그 가운데 맨 처음 글이 희수가 쓴 아래 글이다. (맞춤법, 띄어쓰기를 고치지 않고 그대로 싣는다.)

선생님 소식을 듣고 싶습니다.

찾는 선생님 : 김익승 [1979년 근무 - 서울대왕초등학교]

선생님의 소식이 궁금합니다. 선생님이 몸건강 하신지 너무도 궁금합니다. 예전에 찾았을 때에는 건강이 좋치안으셨던 기억이 있습니다. 제가 항상 선생님께 연락을 드려야 하나, 잊고 있었읍니다. 선생님 연락 부탁합니다. 저를 기억하시는지 모르겠습니다. 저는 선생님의 속을 무지하게 썩이고 그것도 모자라 저의 단임을 2번이나 하셨으며, 제는 1980년도에 졸업한 ○회수라고 합니다.

* 김익승선생님의 연락처나 소재를 알고계신분은 저의 메일로 연락부탁 드리며, 또한 저를 알고 계신분은 메일주십시요.
○ 회수(intofire93) / 불돌이 / 남을 위하여 일하는 사람.

희수는 삼풍백화점이 무너졌을 때, 암흑 속으로 뛰어 들어가 어느 처녀를 직접 업고 구출해서 텔레비전에까지 나왔다. 지금 ○○소방서에서 '불돌이'로 남을 위해 열심히 일하고 있다.

나는 아직까지도 "희수야, 그 뒤에 중학교 졸업은 했니?" 물어보지 않았다. 용주는 몇 년 전에 일본 처녀와 노총각으로 결혼을 했는데, 내가 주례를 섰다. 반창회 같은 데서 나를 만나면 누구보다 내 걱정이 태산인 희수. 내가 묻지 않아도 부모님 요즘 소식을 들려주는 예의 바른 희수. 그 옆자리에 말없이 고개를 숙이고 앉아 내 묻는 말만 대답하는 용주. 해준 것 없이 제자들을 그리워만 하는 욕심꾸러기 선생인 나는 이래서 행복하다.

(2004. 3. 13)

벽은 어떻게 해서라도 헐어버려야만 옳은가

선생님께

선생님, 헌수입니다. 이제 1주일 정도 있으면 방학이라서 5학년 1반

과도 헤어집니다.

다름이 아니오라 우리 반 몇몇 애들이 선생님을 욕합니다. 예를 들

어 선생님을 못마땅하게 여기는 태빈이(가명) 같은 친구 여러 명이

선생님을 욕합니다. 혼나는 게 뭐길래, 그리고 어른을 욕하니 참

어이가 없습니다. 선생님이 태빈이에게 "축구만 생각하냐?" 같은

말씀을 하셔서 열이 나면 괜히 선생님께 욕을 하고 심지어는 중상

모략까지 해서 다른 애들도 선생님을 욕하는 겁니다.

그래도 '얼마 안 있으면 방학이어서 선생님께 반성을 하겠군.'이라

생각했으나, 욕은 더 늘어나고 이 5학년 1반을 얼른 떠나려는 것 같습니다.

선생님, 속이 상하서도 참고 견디세요.

언제나 건강하시고 행복하시길 바라겠습니다.

-2004년 12월 23일 목요일, 송헌수 올림

방학은 코앞인데 일은 산처럼 밀려서 절절매다가 7월 1일 하고 다시 못한 〈숨기고 싶은 이야기〉 글쓰기를 두 번째로 해서 나온 글 가운데 한 편이다. 전혀 짐작하지 못한 내용은 아니지만 정말 힘이 주욱 빠진다. 태빈이가 하는 행동들이 거슬린 걸 참고 또 참고 참아왔는데, 무엇보다 아이 기죽이기 싫고 기다리면 나아지겠지 하다가 여기까지 왔나 보다.

태빈이는 1학기 우리 반 반장이었고, 명랑하고 착하고 씩씩한 수다쟁이(?)다. 정말 말이 많다. 공부 시간 분위기를 '농담(장난) 분위기'로 끌고 가서 끝도 없이 이어가다가 나중에는 "우리 오늘 체육 해요, 축구(농구)해요."로 마무리를 해야 직성이 풀린다. 어지간한 농담은 친구처럼 다 받아주고 치고받는 장난까지 같이 치며 지내려는 내 속도 모르고 시도 때도 없이 그러는 녀석이 너무 심하다 싶을 때 벼르다가 한 번씩 혼을 낸다. 그럴 때나 다른 아이들에게 뚜렷하게 잘못

140

을 해서 혼날 때면 거의 언제나 할 것 없이 눈물을 글썽이고 식식거린다. 점심은 5분 안에 먹고 내가 점심밥을 먹기 시작하기도 전에 단짝 아이와 운동장에 나간다. 온통 정신이 축구 아니면 농구에 가 있지 싶다. 내가 체육 시간에 같이 어울려 운동을 하게 되면 제 주장이 너무 강하고 내게도 버릇 없는 행동을 할 때가 많다. 크게 나무라지 않고 넘기지만 가만히 보면 적지 않은 아이들이 그 아이 완력에 꼼짝을 못하고 지낸다.

이런저런 행동거지가 마음에 안 들어도 여전히 나는 친구처럼 대하면서 내 뜻을 전하고 지내고 있었다. 그러다가 글쓰기 회보 12월에 실린 주순중 선생님 글이 눈에 확 들어왔다. 아이들이 알아들을 만한 곳을 알아들을 수 있게 조금씩 바꾸어서 읽어주었다. 밑줄 그은 부분을 더욱 강조하면서, 아이들 반응을 살펴가면서.

"…7년 만에 4학년을 맡고 보니 예전 4학년 아이들이 아니었다. 대신 게임 얘기, 이성에 관한 얘기라면 당장 얼굴에 생기가 돈다. 그리고 축구만 하려고 한다. 그러면서 입은 한시도 다물고 있지 못한다. 여자 아이들은 그래도 나은데 남자 아이들 실정이 이렇다. 끝내는 무심하면서도 천진난만한 사람이 되고 싶다."

이 글을 읽어줄 때 얼굴 찡그린 태빈이 모습이 거슬렸지만, 모른 체 눈길을 다른 데 주면서 태연하게 끝까지 읽어 주었다. 대부분 즐겁게 웃으면서 귀담아 들어주었다.

모두가 말 못하는 걸 헌수가 1학기 말에도 용기 있게 일기로 써 주었다. 헌수는 2학기 반장으로 옳지 않은 것을 보면 참지 못하는 성품인데, 1학기 반장이던 태빈이처럼 아이들을 휘어잡지는 못해도 책임감이 아주 강하다. 이 글은 글모음판에 올리지 않고, 따로 써서 내게 내도록 해서 내가 간수하고 있다.

위세에 짓눌리는 우리 반 애들(송헌수)

말 잘못하면 욕, 말한 거 못 들어서 대답 안 했다고 욕, 해달라는 거 안 해 주면 "쟤랑 놀지 마." 하는 사람. 나 말고 제목에 '내가 힘만 더 있었으면….' 하는 애들도 있을 것 같다. 위세에 짓눌리는 우리 반 애들은 고통에서 벗어나길 원할 것이다. 그러나 힘이 세면 뭐하나. 다 똑같아질 것을.

(2004년 7월 24일 토요일 일기)

힘이 세다고 친구들을 부려먹는 건 사람이 아니다(송헌수)

우리 학교의 경우, 전에 독서경시대회에서 나왔던 책 중에 별명이

'늑대'라는 아이가 자기 반 친구들을 괴롭힌다는 책이 있었다. 우리 반도 똑같다. 어제(토요일) 일기와 이어지는 내용이다. 가만 있다가 "야, 깝치냐, x놈아?" 등 욕하고. 이거야 불안해서 살 수가 있나? 일기에 써 봤자 당당하게 말 못하는데 무슨 소용이 있겠는가?

(2004년 7월 25일 일요일 일기)

이 글을 꺼내어 이번 글과 같이 읽어 보았다. 태빈이를 남으라고 하려다가, 글 쓴 헌수가 눈치를 보는 것도 같고 해서 '하루 더 생각해 보자.' 하고 그냥 보냈다. 다 돌아간 뒤 이 글들을 다시 읽는데 몸이 조금 떨리기도 하고 화가 자꾸 솟구친다. 참으며 일을 하다가 태빈이네 집으로 전화를 했다. 학교로 불러서 차분하게 이야기를 해보려 했는데 아이가 집에 없다. 궁금해하는 태빈이 어머니께 얼버무리고 그냥 그 날을 넘겼다.

다음 날, '오늘은 어떡하든 결판을 내야지.' 마음을 다져먹고 있는데, 자꾸 내 눈치를 보는 듯한 헌수가 눈에 띈다. 어제 쓴 글을 읽은 체도 안 하고, 하루 공부를 마쳤다. 내일은 연휴라 오늘 아니면 기회도 없는데 더 생각해 보고 '필요하면 나중에 집으로 전화를 하지, 뭐.' 하고. 그런데 태빈이가 청소 당번이란다. 마침 잘 됐다. 내 가까이에서 청소를 하는 태빈이에게 작은 소리로 말을 건넸다.

"태빈아, 너 내게 할 말 없어? 혹시 니가 생각해 봐도 나나 우리 반 아이들한테 '이건 내가 너무 했어.' 싶은 거 말야?"

아이 표정이 굳어지더니, 금방 눈가에 물기가 보인다.

"내가 너 좋아하는 거 알지? 그런데 네 행동 가운데 하지 말라는 게 아니라 좀 줄여 달라는 거, 왜 그러는지 아니?"

고개를 점점 더 떨구는 태빈이에게 뭐라 더 말하기가 곤란하다. 청소하는 아이들이 눈치를 챌 것 같아서 청소 마치고 잠깐만 남아서 내 일 좀 도와주고 가라고 부탁하는 시늉을 했다. 아, 여기까지 속이 상한 걸 큰소리 한 번 안 치고 잘 견뎌 왔구나! 어리둥절 남은 태빈이와 남아서 편하게 이야기 나누고 쓴 글 두 편이다.

내가 잘못한 점 (김태빈)

나는 원래 아이들을 많이 울리고, 폭력으로 애들을 설득한 것 같다. 그리고 오늘도 찬우 울리고, 거의 맨날 울리는 것 같다. 내가 그러고 있는 줄 아는데도 안 고쳐지는 것 같다. 그리고 선생님한테 혼나고, 원망하고 막 버릇없게 군 적이 많다. 혼나면 막 이상하게 선생님이 싫어지고, 공부하기 싫다. 또 선생님이 짜증나고, 학교 오기 싫은 적이 많다.

선생님이 왜 떠드냐고 하면 혼자서 중얼거린다. 또 그렇게 굴은 적이 한두 번이 아닌 것 같다. 솔직히 선생님이 안 듣는 데서 욕도 해 봤다. 그리고 학교에서 맨날 원준이한테 막 겁주고, 선생님이 하지 말라는 짓은 다 하는 것 같다. 어쩔 때는 선생님이 잘못 알고 혼낼 때는 선생님이 제일 싫고, 선생님이 놀리면 나도 뒤에서 놀린다.

(2004.12.24)

선생님께 (김태빈)

선생님, 제가 선생님께 그렇게 버릇없게 한 것 죄송해요. 그리고 애들도 그런 쪽으로 물들이고, 오늘 선생님 말씀을 들은 것은 잘 혼났다고 생각해요. 선생님을 그런 눈으로 보고, 선생님을 욕하고, 우리 반 애들이 두려워하는 짓은 정말 죄송해요.

제가 2학기 들어서부터 더 쌍스러워지고, 애들도 더 많이 때리고, 선생님을 손가락질하고, 우리 반 애들한테까지 그렇게 하고 싶지는 않아요. 제가 하고 싶은 대로 애들 때리면서 하는 게 정말 싫어요. 그런데도 그렇게 되는 것 같아요. 제가 버릇없게 군 것도 죄송하고, 애들한테까지 한 것도 죄송해요. 이제는 혼나도 내가 잘못한 줄 알고 행동할게요. 이제 똑바로 그런 눈으로 보지 않고, 애들 때린 것도 잘못했어요. 선생님, 저 그런 모습 없어지게 하려고 해 주셔서 감사합니다. (2004.12.24)

겉으로 친해 보이는 찬우도 불만이 많은 걸 그냥 삭이면서 어울리고 있었던 거다. 찬우 말로 태빈이는 우리 반에서는 '일짱'이지만, 학년 전체에서는 '십짱'쯤 될 거라 한다. 어쩔 수 없는 힘에 맞서지 못한 우리 반 아이들, 그걸 글로 고발한 헌수, 짐작은 하면서 나름대로 관찰하고 조절하고 지도하느라 했건만 이렇게까지 엇나갈 줄은 미리 내다보지 못한 부족한 선생, 어떻게든 했어야 옳은가?

나는 아이들 일에 깊이 끼어들지 않고, 알맞은 거리를 두고 부딪치고 깨지고 하는 동안 아이들 스스로 해결의 실마리를 찾는 걸 믿고, 아주 특별한 경우 아니라면 해결사로 나서는 걸 삼가고 있다. 아이들과 선생 사이에 새로운 벽이 생길까 봐, 생긴 벽조차 아이들 스스로 힘으로 허물어버리게, 위험하지 않을 만큼 지들이 원래 지닌 지혜로 풀어가도록, 지나치지 않은 도우미가 되려 한다. 모른 체하면서도 늘 마음은 아이들 근처를 맴돌고 있다. 그게 타성이 되어 깜빡, 무관심이 될 수도 있으니 고삐를 놓치지는 말아야 할 테지만.

벽을, 아이들과 나 사이의 벽만이 아니라 모든 벽을 다 허물어버리는 게 정말로 옳을까 하는 데 생각이 미친다. 벽을 허무는 동안 상처가 깊게 날 수도 있을 테지. 차라리 그 벽을 타넘고 오가거나, 벽 한 부분에 구멍을 예쁘게 뚫어 서로를 오가는 대문으로 써 먹으면 어떨까? 그래, 그래서 생긴 부스러기들은 또 어떻게 활용할까? 내가 우리 아이들과 지내는 동안 지치고 지쳐서 이런 길을 찾고, 걸어가고 있는지도 모르지. 그렇지만 부대낄 땐 부대끼고, 싸울 땐 아이들이든 교육 관료든 누구든 두려움 없이 맞서 싸우고 있으니, 지쳐서만도 아닐거다.

방학 날, 태빈이가 "저 방학 때 빙어 낚시 데려가 주시는 거죠?" 간절하게 부탁을 한다.

(2005.01.03.)

시와 노래

학급문집이 글모음이라면 '시와 노래'는 목소리 모음이다. 한 해도 거르지 않고 우리 반 아이들이 좋아서 열심히 하는, 안 하면 허전한 '시와 노래'. 보통 때 못했더라도 학년 말에 할 수 있는 활동으로 '이렇게 해보면 어떨까?' 싶은 궁리들을 써보았다. 목소리 모음을 만들어 보자.

왜 만들까?

「이 작은 테이프 하나에는 서기 1987년 서울가락국민학교 6학년 9반 66명의 정다운 목소리가 담겨 있습니다. 외국의 팝송이나 유행가

보다 아름답고 재미있는 '시와 노래'에는 우리 조상들의 인정과 슬기, 시골의 순수함이 잘 나타나 있습니다. 졸업한 뒤에 6학년 9반이 그리울 때마다 '시와 노래'를 들으시면서 여러분의 마음을 좀 더 넓혀 보시기 바랍니다.」

1987년 나와 함께 공부하던 아이들이 만든 '시와 노래' 테이프의 시작 부분 녹음 내용이다.

학년 말이 다가온다. 학습 진도에 쫓기고 시험 걱정하느라 마음껏 못하던 일들을 해보자. 그냥 "놀아라" 하고 오락 시간만 줘도 신나하는 아이들이다. 이왕이면 미리 꼼꼼히 계획을 세워 아이들이 오래도록 기억할 학년 말 마무리 잔치를 벌여보자. 학급문집 만들기나 연극 공연 등은 이미 자료도 많이 나와 있고 잘 이루어지고 있는 걸로 알고 있다. 아이들의 흥미를 끌어낼 수 있고, 반 모두가 참여할 수 있는 한 가지를 소개한다.

아이들의 목소리를 모아 '시와 노래' 테이프 만들기를 해보자. 우리 아이들이 마음 놓고 읽고 부를 시와 노래가 거의 없다. 날마다 부대끼며 살아가는 삶을 모른 체하고 꿈속을 헤매게 하는 시, 눈물과 이별과 퇴폐로 얼룩진 사랑 타령 일색인 유행가, 뜻도 제대로 모르고 부르는 외국 팝송이 아이들의 삶을 참되게 가꿀 수 있을까? 어른들이 부르는 노래가 아이들 것이 아님을 깨닫고 아이들 노래를 찾아주자는 운동은 아직도 미미한 형편이다.

자기네가 부르는 노래를 조사하고, 좋은 노래를 찾아 익히고, 목소리를 모아 녹음을 하여, 정성스레 테이프 하나를 만드는 동안 아이들은 건전한 노래 문화를 즐기는 좋은 경험을 하게 되리라 본다. 아이들의 참삶을 노래한 목소리 모음인 셈인데, 나는 몇 년 동안 실천해보았고, 학급문집 못지않게 아이들 삶을 가꾸는 데 큰 영향을 줄 수도 있다는 걸 깨달았다.

어떻게 만들까?

'시와 노래'를 시작하기 전에 좋은 시나 노래를 보면 보는 대로 아이들에게 적어주었는데, 여기저기 흩어지는 것이 안타까워 공책을 따로 마련해서 이름을 '시와 노래'라 붙였다. 그러다가 이왕이면 녹음을 하자는 아이들 의견에 따라 녹음을 하고, 그러다 보니 껍질까지 만들면 좋겠다 싶어 껍질을 만들고 …이렇게 하다가 생각지도 않던 '시와 노래' 테이프가 태어나게 된 것이다.

<준비물>

아이들 수만큼의 60분짜리 녹음 테이프와 같은 크기의 두꺼운 종이, 껍질 밑그림 복사한 것, 성능 좋은 녹음기 1대(모둠별로 녹음할 경우는 모둠마다 한 대씩 준비), 더블데크 기능이 있는 녹음기나 전축, 색연필이나 그림물감, 풀, 니스.

<만드는 순서와 걸리는 시간>

① 녹음할 노래와 시 정하기 : 아이들에게 맡기는 것도 괜찮다. 담임이 먼저 이 일을 하는 취지를 설명한 다음, 아이들에게 즐겨 부르고 있는 노래나 시를 조사하게 하고, 그 노래나 시를 찾아보게 한다. 담임이 전래 동요나 민요 등 좋은 노래나 시를 제공해도 좋다. 마지막으로 테이프의 길이와 노래와 시의 비율은 어떻게 할 것인가 따위를 고려하여 녹음할 노래와 시를 확정한다. 좋은 노래와 시를 자주 부르던 학급은 이 과정을 훨씬 줄일 수 있다.

주의할 점은 나름대로 기준을 세우라는 것이다. 예를 들어 아이들 학년 수준에 무리 없는 것, 노랫말과 시에 '글쓰기 정신'이 담긴 것, 우리 민족의 정서를 느낄 수 있는 것, 아이들의 실제 생활 모습이 잘 나타난 것, 통일 의지가 담긴 것들이 있을 것이다. 그러나 담임의 뜻과 다르게 정해져도 아이들 뜻을 존중하는 것이 좋다.

② 연습하기 : 정해진 노래와 시를 작은 글씨로 써서 복사해 나누어 주고(나중에 접어서 테이프 속에 끼워 넣을 수 있게), 노래에 소질 있는 노래 동아리 아이들이 중심이 되어 틈틈이 연습한다. 어려운 노래는 노래 테이프를 구해 노래를 들려주는 것이 좋을 것이다. 공부 시간이 시작될 때와 끝날 때마다 한두 곡씩 부르는 것도 좋다. 자기네가 고른 노래를 자기네끼리 익히다 보면 아이들은 신바람 나서 부르게 되고, 뜻밖에 2부, 3부 합창이 자연스레 이루어지기도 한다. 시는 반 전체가 한목소리로 녹음하는 것도 좋지만, '시 낭송 대회'를 열어 낭송할 사람을 정하는 것도 괜찮다.

③ 녹음하기 : 생각보다 녹음하기가 쉽지 않다. 방음 안 되는 교실에서 창문을 꼭꼭 닫고 커텐을 치고 해야 하고, 녹음기 한 대를 앞에 놓고 여러 명이 녹음을 해야 하니 앞쪽 아이들 소리만 녹음되고, 한 번 실수해도 다시 해야 하고, 킥킥 웃음이 터지고 만다. 몇 번을 다시 하다가 나중엔 겨울방학 동안 하루 날을 잡아 우리 반만 나와 녹음하기까지 했는데, 지금은 오히려 마룻바닥 삐거덕거리는 소리에서부터 노는 시간 알리는 음악 소리까지 그대로 녹음하고 있다. 장단점이 있으니 알아서 할 일이

다. 이런 자연스런 소음은 어쩔 수 없다지만, 녹음 도중 갑자기 드르륵 문을 열고 들어오는 침입자를 막기 위해 교실 앞뒷문에

> 들어오지 마세요. 녹음 중. 지금 녹음하고 있으니 볼 일이 있
> 으신 분은 창문으로 손짓을 해주세요. -○학년 △반

이렇게 알림 글을 써 붙이는 것이 안전하다.

녹음할 때 실수를 안 하기 위해, 녹음에 걸리는 시간을 조절하기 위해 미리 한두 번 시험 녹음을 해보는 것이 좋으며, 녹음기 다루는 법도 정확히 익혀두고, 녹음할 때의 신호도 확실히 해두어야 한다. 모둠별로 녹음할 경우는 구성원 중 방음이 잘 되는 넓은 방이 있는 아이 집에서 어른들께 허락을 받도록 한다. 녹음이 끝나면 녹음한 것이 지워지지 않게 하는 소거 방지 탭을 떼어 낸다.

④ 복사하기 : 녹음된 원본 테이프를 더블 데크 기능이 있는 녹음기나 전축이 있는 아이 수만큼 먼저 복사한다. 이 테이프를 더블 데크가 있는 아이들에게 나누어 주면 그 아이들은 나머지 아이들 것을 복사할 수 있는 만큼씩 가져가 복사해 온다. 물론 고속 복사 시설을 가진 후원자가 있거나 훌륭한 녹음실이 있다면 좋겠지만 번잡한 이 방법도 아이들은 그리

귀찮다 하지 않는다. 복사된 녹음 테이프도 마찬가지로 소거 방지 탭을 떼어 낸다.

⑤ 껍질 만들기 : 먼저 껍질 그림은 미리 아이들에게 공모하여 정하고, 글씨 잘 쓰는 아이가 뒷면에 작은 글씨로 테이프에 실릴 시와 노래의 제목을 써넣어 테이프 크기에 맞게 껍질의 펼친 밑그림을 그려 필요한 만큼 복사한다. 16절지에 석 장을 그릴 수 있다. 복사된 밑그림을 가위로 오려 색연필 등으로 각자가 자기 것을 예쁘게 색칠하고 자기 이름을 쓴 뒤 두꺼운 종이에 붙여 껍질을 완성한다. 니스칠을 하면 더욱 좋다.

<생각해 볼 문제>

① 시는 빼고 노래만 실을까? : 노래와 시 모두를 녹음했더니 노래는 괜찮은데 시가 지루하다는 말이 있어 노래만 녹음해보기도 했는데, 시를 그냥 책 읽듯이 읽어서 그렇지 제대로 읊는다면 그런 말이 안 나오리란 생각이 든다.

② 노래에 반주가 있었으면 어떨까? : 사실 능숙한 반주자도 없었고, 내게 그런 재주가 모자라기도 했지만, 평소 아이들이 부를 때 반주 없이 했기

에 그냥 목소리만 녹음했다. 가능하다면 피아노든, 기타든, 아니면 장구로 장단을 쳐주든 반주가 있어도 좋을 것 같다. 시를 읊을 때 배경 음악이 있어도 좋겠다.

③ 꼭 노래와 시와 노래만 실어야 하나? : 아니다. 교사와 아이들이 능력만 된다면 평소 학교생활의 한 장면을 녹음해 두었다가 편집해 넣거나 담임이 아이들에게 하고 싶은 말, 학부모님 말씀, 나도 한 마디 등 형편에 따라 알맞은 것을 실을 수 있다. 소리로 담을 수 있는 모든 것들이 다 실릴 수 있다고 본다.

당당해지는 아이들

조촐하게 먹을 것을 준비하고 완성된 '시와 노래' 테이프를 앞에 쌓아 놓고, '시와 노래'를 배경 음악으로 잔잔하게 틀어놓고 한 해를 반성한다. 그동안 익힌 율동을 하며 노래를 부르고 시를 읊으며 헤어지더라도 서로의 우정을 변치말자 다짐하며 정다운 이야기들을 나눈다. 간단한 선물이나 편지가 있으면 서로 전달하고, 마지막으로 담임이 악수를 하며 '시와 노래' 테이프를 한 명 한 명에게 나누어 준다.

'시와 노래' 테이프 녹음이 끝나고 남는 학년 말까지 며칠 동안, 그

동안 배운 시와 노래들을 가지고 재미난 시간을 보낼 수 있다. 노래에 어울리는 율동을 만들거나 악보 없이 서로 즉석 작곡 발표회를 연다. 즉석에서 흥이 나는 대로 시를 노래로 만들어 부르게 하는데 아이들이 무척 즐거워한다. 노래의 곡을 빌어 노래 가사 바꿔 부르기나 노래극을 꾸며 발표할 수도 있다. 아이들에게 '시와 노래'에 대한 인기 조사를 하여 순위를 매겨 보는 것도 아이들을 이해하는 데 도움이 된다.

'시와 노래'를 만드는 일은 또 다른 효과가 있다. '시와 노래'에 나오는 시나 동시에 곡을 붙이기도 하고, 노래의 곡을 이용해서 '노가바(노래 가사 바꾸기)' 대회를 열기도 한다. '노가바' 대회에 대해서 이런저런 의견이 있지만, 나는 그 속에서 번뜩이는 아이들의 재치와 즐거워하며 맺힌 것을 풀어내는 많이 보았다. 이렇게 시키지 않았는데도 시가 노래로 바뀌고, 새로운 생각을 나타내고, 심지어는 새 노래를 작사·작곡해 가져와 '시와 노래'가 된다.

이제 헤어지는 시간

아이들은 '시와 노래'에 대한 자부심도 대단하다. 가족들과 동네 아이들에게도 인기가 있어, 동네 노래 선생 노릇을 하는 아이도 여러 명 있다. 가르치는 처지에서도 공부 시간이나 주의 집중이 필요할 때, 오락 시간이나 바깥 활동 때 '시와 노래'를 알맞게 활용하면 그 효과가 기대 이상이다. 나는 이 '시와 노래'를 사랑하는 아이들이 모두 착하고 당당한 사람들로 이 세상을 살아갈 거라고 믿고 있다. 아이들과 헤어지더라도 다음에 만나는 아이들과 '시와 노래'를 사랑하는 일을 계속할 것이다.

(2006.04.08.)

남을 위해 기도하기

    '기도'라기보다 '남을 걱정해 주기'가 어울릴 것이다. 아이들에게 자주 농부 아저씨를 위해, 동무들을 위해, 동무 아버지를 위해, 이 세상 그 누군가를 위해 기도하자고 한다. 자기 자신을 위한 기도는 아예 하지 않거나, 남을 위한 기도를 실컷 하고도 혹시 여유가 있거든 하더라도….

    농부 아저씨의 노고와 아픔을 쓴 글들을 읽어주거나, 직접 글을 써 보게 하고, 모두 눈을 감고 가뭄이 심하면 비를 내려달라고, 장마가 길면 비 좀 그치게 해달라고 기도한다. 각 종교계를 대표하는 아이가 기도하고, 희망하는 아이 누구나 기도하고, 종교 없는 아이는 하늘님, 땅님처럼 누구에겐가 간절히 기도한다. 모두 진지하다. 어떤 땐 동무의 아버지가 편찮으시단 걸 알고, 함께 걱정하는 글을 쓰고, 기도를 하기도 했는데, 내 아버지의 아픔처럼 염려들을 했다. 이 세상 모든 사람들이 모두 남을 위해 기도하며 살아가는 모습을 하늘에서 내려다 보시면 얼마나 아름다워 보일까? 우린 너무나 나밖에 모른다.

나는 아직도 기도를 잘 못한다. 교회를 열심히 다니기는 하지만, 기도는 자신이 없다. 남들이 기도하는 걸 보면 나는 그냥 마음속으로 주님이 들으실 거라 믿고 내 간절한 마음을 전해드리려 온 정성을 다할 뿐이다. 내가 잘 못하는 기도를, 나보다 천 배 만 배 더 착하디착한 우리 아이들이 하게끔 도와주는 일을 열심히 하고 싶다. 기도는 마음을 참으로 깨끗하게 해준다.

높은 학년을 담임하게 되면 조금은 막연하지만 학년 초에, "나 아닌 그 누군지 모를 이 세상 누군가를 위한 기도를 하자"는 〈재미난 숙제〉를 낸다. '얼굴도 모르는 산골에 사는 어떤 아이', '가난과 질병으로 죽어가는 지구 반대쪽 어느 나라 아이'들을 위해서.

스승의 날이 다가오면 이런 말을 한다.

"이 땅의 아이들을 위해 온몸과 마음을 다 바쳐 선생님 노릇을 하다가 돌아가신 (병을 얻거나 몸이 상하신) 선생님들을 위한 기도를 해주는 게 내게 선물하는 것이다. 나한테 편지 안 써도 좋으니, 나를 뺀 옛 선생님들 가운데 잊혀지지 않는, 고마우신 선생님 계시면 그분께 편지도 쓰고 그분을 위해 기도를 드려주면 고맙겠어요."

지금은 자꾸 지치고 늘어져서 그런저런 순간을 많이 놓치고 산다, 바보처럼!

비밀 친구나 짝을 정할 때도 기도를 한다.

"내가 원하는 친구가 아니라 나를 원하는 친구가 내 '비밀 친구'(짝)가 되게 해 주세요!"

아이들은 참으로 순수하다. 내 준비가 30인데도 그걸 90이나 100으로 채워 줄 때가 참 많다. 그 가능성에 너무 기대면 안 되는데, 게으른 나는 아직도 그런 적이 많다.

수능시험이나 예전 고입, 대입 시험 때면

"올해 시험 볼 선배님들을 위해 기도하자. 시험 잘 보라기보다 최선을 다할 수 있도록, 용기 잃지 말도록 도와주세요!"

이러면 우리 반 아이들은

"선생님, 우리가 중3, 고3이 돼도 기도해 주실 거지요?" 묻는다.

"그럼, 내가 선생 하는 동안, 아니 그만 둔 뒤에도."

내가 생각해도 이런 기도를 할 때 가슴이 찡하다. 전에는 이것도 참으로 진지했는데, 요즘 어느 해에는 수능시험 날이 지난 뒤에 기도한 적이 있을 만큼 성의가 없는 나를 더러 보며 실망을 한다.

(2006.04.19.)

아이들과 지내다가 지루할 때

아이들과 지내다 보면 집중하는 힘이 나날이, 눈에 보이게 줄어들고 있다는 생각을 버릴 수가 없다. 어쩌면 자기들만의 어떤 세계에 빠져있는지도 모르지만. 나 자신도 다람쥐 쳇바퀴 돌리는 것 같은 생활에 싫증을 자주 내는데 아이들이야 오죽할까 하는 생각을 한다. 아이들에게 호통치다가도 미안하다는 생각이 자꾸 앞선다.

"하지 마라", "여기 좀 봐라" 하기보다 내가 먼저 엉뚱한 데 일부러 관심을 보여 보자. 아이들은 고개를 갸우뚱거리며 신기해 하다가 이내 신나게 놀고, 스트레스를 조금이나마 풀고, 하고 있던 일이나 해야 할 일들을 더 열심히 한다. 그런데 무엇보다 그 일이 아이들 눈높이에 맞아야 할 테지. 좀 엉뚱하고, 어디서 보지도 듣지도 못한 거라면 더욱 좋겠지. 우리 반 아이들이 몸을 비비 꼬며 그 딱딱한 공부를 싫어할 때면 사실은 내 안 어디에선가도 '이 상황에서 잠깐만 벗어났다가 돌아오자' 하는 용솟음이 꿈틀대고 있음을 느낀다. 내가 아이들보다도 집중력이 떨어지는가?

1992년 오학년 아이들과 나름대로 신명나는 하루하루를 보내고 있는데, 노는 시간마다 아이들이 모여서 웅성거린다. 손가락 한 개 위에 교과서를 올려놓고 빙글빙글 돌리기가 우리 반 아이들 사이에 한참 유행이었다. 농구공 돌리는 건 나도 해 봤지만 '교과서 돌리는 게 뭐가 재미있담? 그리고 그런 건 너무 쉽겠다. 나도 잘 돌릴 수 있겠다.'는 생각에 아이들을 딱하게 바라만 봤다. 요즘 짱딱지놀이 보다는 조금 덜 했지만 아무리 말려도 내 눈길만 벗어나면 또 그 짓을 한다. 노는 시간이면 아예 걸어 다니면서 묘기를 보인다. 필통도, 공책도 뭐든 닥치는 대로 돌리는 아이들.

"누가 이런 거 하래?"

하고 큰 소리를 치자 아이들 눈이 둥그래진다. 그런데 혼이 날 줄 알고 아이들이 긴장해 있을 때

"야, 그거 나도 좀 해 보자."

내가 집게손가락에 책을 올려서 제법 돌리자 아이들은 박수를 치고 난리 났다.

"너희들 이게 그렇게 재미있니? 난 시시한데."

"…."

"누가 제일 잘 돌리니?"

"김세형이요!"

세형이 솜씨를 봤다. 정말 자유자재다. 잘하는 아이들, 하고 싶은 아이들을 나오라 해서 시합을 했다. 세형이만은 못해도 곧잘 하는 아이들 너댓 명을 뽑아서 어려운 방법으로 시합을 했다. 나중에는 책상 위로 걸어 다니며 돌리기까지, 돌리며 걸어가는 아이들을 담임이 앞에서 걸리적거리며 방해도 했다. 아이들의 야유 소리! 한 달 뒤에 원하면 이런 자리를 또 만들겠다. 그 대신 연습을 하려면 공부에 방해가 되지 않게, 남에게 피해를 주지 않고, 제 할 일 잘하면서 하기로 약속을 했다. 한 달이 지났다. 아이들에게 "'책 돌리기 시합' 할까?" 말해도 별 반응이 없고, 대부분 새로운 놀이에 빠져 있었다.

1998년, '포켓몬스터' 바람으로 유행한 '짱딱지 따먹기'도 교실, 복도, 심지어는 화장실 구석에 숨어서까지 하는 걸 말릴 재간이 없다. 며칠 동안 아이들 짱딱지를 내 눈에 보이기만 하면 아무 말도 안 하고 거두어 들였다. 아이들 눈에 잘 띄는 곳에 두고 아무도 손도 못 대게 했다.

"뭐 할 거예요?" 물어도 아무 대답도 안 했다. 아이들 한 명에 다섯 장쯤 될 만큼 모였을 때 커다란 화분 받침에 가득 담긴 짱딱지를 교탁 위에 올려놓자 모두들 군침을 흘렸다. 그때 칠판에 아주 큰 글씨로 '누가 짱딱지로 신나게 노는가?'(1999.12.10, 5교시)라고 썼다. 한 사람 앞에 다섯 장씩 나눠주고 놀았다. 50장도 넘게 빼앗긴 현이의 표정, 그밖에 정신없이 노는 아이들 저마다의 표정. 놀고 나서 글을 쓰고, 짱딱지는 다시 그 그릇에 모아 담았다. 그 뒤 적당한 날, 포켓몬스터에 대한 신문 기사를 읽어주었다. 겨울방학 바로 전에는 "짱딱지 주인들 나오세요." 해서 돌려주었다. 서로 싸우면서 가지고들 갔다. 잘 한 건지 모르겠다. '쓰레기통에 버릴까, 불우시설 아이들 갖다 줄까'하다가.

가을날 점심시간에 교실로 벌레 한 마리가 날아들었다. 살짝 잡아서 창밖으로 날려 보내도 자꾸만 교실로 들어온다. 나는 잘 알지만 아이들 가운데는 잘 모르는 녀석들이 있을 것 같았다.

'잘 됐다! 점심 다 먹었으니 향기로운(?) 냄새 좀 맡아 보아라. 노린재 맛 좀 보아라.'

화장지로 빠져나가지 못하게 싸서 칠판 한 쪽에 꼬마자석으로 붙여 놓고 몇 글자 썼다. 그 옆에 이름 쓸 테두리를 그려놓고.

"이 화장지 가까이에 코를 대고 냄새를 맡으면 아주 좋은 냄새가 납니다. 냄새를 맡은 사람은 이름을 쓰세요."

해놓고 시치미 뚝 떼고 내 일을 하고 있었다. 한두 명씩 모여들기 시작한 아이들은 살짝 냄새를 맡다가 화장지 속 노린재가 잘 안 보이니까 슬쩍 건드리기도 하고, 자기네끼리 '노린재'를 두고 이야기도 나눈다. 냄새를 제대로 못 맡은 아이도 있고, 맡고 나서 고약한 냄새라고 말 안 하고 다른 아이를 끌어오기도 한다. 나는 아이들이 뭐라 물어도 아무 말도 안 하고. 요란하게 난리치고 노는 것보다 좋지 않을까. 나중에 '노린재'를 자세히 설명해 주고, 멀리 날려 보내는 것까지 마무리를 잘해 주었다.

(2006.05.18.)

실컷 노는 게 숙제

    나는 잘 놀 줄 모른다. 어울려 놀아야 할 자리만 가면 주눅이 들고, 괜히 기가 죽으려고 한다. 엄한 아버지 밑에서 도덕 교과서에 나온 대로 살아야 하는 줄 알고, 학교에 다니는 동안 '모범생' 소리를 달고 다녔다. 선생이 되고 나서는 '국정교과서' 소리까지 들으면서 말 그대로 고지식하게 살고 있다. 이런 내가 답답하고 싫을 때도 있지만, 어쩌지 못하고 산다. 한때 조금 노력을 해보았지만, '생긴 대로' 사는 게 더 편하고 또 옳은 것 같아서 그런 것에는 더 힘을 빼지 않는다. 그런데 내가 이렇다고 우리 반 아이들까지 그럴 수는 없잖은가? 타고난 것이 다른 아이들을 모두가 활달하고 잘 놀게 하려는 게 아니다. '끼' 있는 아이들의 욕구를 발산하게 해 줘야지, 할 수만 있다면 남에게 피해를 주지 않고 즐겁게 살아가는 길을 안내라도 해 줘야지, 내가 못 해도 도움은 줄 수 있지 않은가? 멍석이라도 깔아줘야지. 자주 깔아주면 더 좋겠지.

지금까지 선생 노릇 삼십 년을 넘게 하면서 돌아보니, 우리 반에 무척이나 잘 노는 아이들이 있던 해에는 교실이 늘 즐거웠다. 그렇지 않을 때는 내가 옛날 이야기나 동화책 따위를 읽어주고, 그게 지루하면 용기를 내어 아이들이랑 공도 차고 서울 가까이 있는 산과 들로 나들이를 갔다. 교실에 이런저런 놀잇감을 하나둘씩 마련해 놓으면서, 노는 걸 지켜보고, 놀이에 끼어들고, 아이들처럼 시간 가는 줄 모르면 빠져보기도 하게 된 듯하다.

난리법석인 교실이 다 까닭이 있다고 믿고 있다. 내가 뭔가 아이들에게 잘 다가가지 못했거나 아이들이 뭘 잘못 먹어서(그게 무엇일까? 지식일까, 스트레스일까?)일 수도 있겠지. 이도 저도 까닭을 알아낼 수 없을 땐 그냥 "야아!" 소리를 교실 떠나가라 질러보라. 교실은 차분해진다. 숙제 없는 주말 어느 날, 우리 반 현덕이가

"오늘 숙제 없는 날이지요?"

"아니 숙제 있는데…."

"…."

"오늘은 실컷 노는 게 숙제다."

"그게 무슨 숙제예요?"

"실컷 놀지 않고 월요일 학교 오면 혼난다!"

"야야, 오늘 숙제가 실컷 노는 거래."

이런 숙제를 올 들어 두세 번 내준 것 같다. 잘 놀아야 공부도 잘한다. 여기서 말하는 것은 '참 공부'를 '참 놀기'를 가리키는 것이다. 아이들이 놀이의 주인이 되어 어떤 식으로 놀든, 신명을 잃지 않기를 바란다. 나는 놀이든, 무엇이든 별나게 가르치려고 몸부림치지 않겠다. 아이들 노는 걸 지켜보면서 '무엇을 도와줄까', '어떻게 도와줄까', '어느 때 무슨 활동을 하는 게 좋을까', '어느 때 노는 걸 멈추게 할까' 이런 생각을 한다. 한 발짝 떨어져서 '사랑의 눈'으로 조급하지 않게 거들어 주는 사람 노릇을 제대로 하고 싶다.

어느 교실보다 놀이기구가 많은 편인데도 잘 들여다보면 쓸 만한 건 별로 없다는 생각이다. 올해는 팽이를 더 마련하고 싶다. 그 많던 것이 스무 해 가까이 지나는 동안 반 넘게 없어졌다. 팽이채도 새로 만들어야 한다. 칠교놀이도 깔끔하게 손질해서 아이들 가지고 놀기 좋게 해야 하는데, 시간만 흐르고 있다. 아이들이 무척 즐기는 놀이인 도미노 게임은 학년 초에 지저분해 보인다고 어느 학부모님이 교실 청소 도와주시다가 쓰레기통에 털어 넣은 걸 하나하나 골라서 다시 담아 놓았다. 다이아몬드 게임도 마찬가지. 도미노와 다이아몬드 게임 꼭지가 많이 없어져서 노는데 불편한지 아이들이 지난해만큼 가지고 놀지를 않는다, 윷놀이도 내가 적극 충동질을 하지 않아서인지 아이들이 가지고 노는 걸 거의 보지 못했다. 쌓기놀이나 퍼즐놀이는 꾸준히 아이들이 집중해서 한다. 실뜨기는 처음 얼마 동안 가지고 놀더니 흥미를 잃고, 노는 아이가 안 보인다. 오늘 남자아이들에게 '많은 공기'(바보 공기)를 가르쳐 줬더니, 제법 여러 명이 덤벼든다. 아이들이 놀면 좋겠다 싶은 놀이는 조금씩이라도 재미를 맛보게 해주는 담임의 노력이 기대 이상의 효과를 낸다는 걸 알면서도 너무나 내가 게으름을 피우고 있는 게 아닌가 싶다. 그런 생각을 하면서도 나는 매트를 깔아놓고 놀이기구를 마련해 놓고 나니, 마음이 그렇게 다급하지는 않다. 천천히 해야지, 손길은 안 주었어도 노는 아이들을 바라보는 눈길은 게으르지 말아야 하겠지.

(2006.06.14.)

학급문고 이야기

    부끄럽지만, 어릴 적 초등학교 3학년 때까지 내가 읽은 책이라고 는 시골학교 도서실에서 빌려 본 《이순신전》인가 《세종대왕전》인 가 한 권이 전부였다. 가난한 우리 집에 책이 있을 리 없고 학교 도서 실에서 책 빌려보는 것도 쉽지 않았던 것 같다. 그런 내가 책을 마음 껏 읽을 기회가 찾아왔다. 초등학교 4학년 때 우리 동네에 마을문고 가 생긴 것이다. 서울대학교 사범대학생들이 농촌봉사를 왔는데, 농 촌에 책 보내기 운동으로 모은 책 600여 권으로 우리 집에 마을문고 가 들어섰다. 우리 아버지는 청년회장, 나는 그 아들. 농사 일로 바쁜 아버지 대신 나는 마을문고 관리를 도맡아 하게 됐고, 밤을 새며 그 많은 책을 읽었다. 대부분이 헌 책이었고, 아동·청소년 잡지에서 성인 잡지까지 섞여 있는 참으로 다양한 책들이 우리 집 좁은 사랑방에 가득했다. 얼마 안 가서 1/3쯤 되는 초등학생용 책은 다 읽어버렸다. 나중에 차츰 청소년용을 넘나들다가, 성인용까지 대부분을 읽게 되었다. 혼자 읽다가 더러 얼굴이 화끈거리던 기억이 지금도 난다. 아버지도 같이 책을 읽으시며 나중에 마을문고 운동을 꽤 오랫동안 하셨다. 내가 대학생일 때도 아버지랑 소공동 새마을문고 본부에 엄태섭인가 하는 지도자를 같이 만난 기억이 난다. 내가 고향을 떠나고도 얼마 동안 아버지가 마을문고를 챙기셨는데, 다른 사람에게 마을문고 관리가 넘겨지면서 그야말로 순식간에 흐지부지되고 말았다. 재작년 나는 자루에 담겨 마을창고에 버려진 마을문고 책을 아버지와 정리해서 아직도 우리 헌 집 부엌에 잘 모셔놓고 있다.

내가 학급문고 이야기를 하면서 고향 마을문고 이야기를 꺼내는 것은 그 뒤로도 내가 선생 하는 동안 단 한 번도 학급문고를 소홀히 한 적이 없다는 것을 확실히 하고 싶은 마음 때문이다.

나는 책이 아이들 수의 서너 곱은 있어야 한다는 원칙을 지켰다. 글쓰기 회원이 되고 나서 좋은 책을 사들이기 시작하고 처음엔 학급문고에 내놓기가 아까웠는데, 한두 권 아이들에게 빌려주니 무척이나 좋아하는 걸 보고 내 책을 차츰 많이 내놓게 되었다. 우선 아이들이 가져온 책 가운데 좋은 것으로만 몇 권이 되든 모은 다음, 재적수의 서너 곱에 못 미치는 부분은 내 책으로 채워서 200~300권쯤으로 학급문고를 꾸렸다. 그러다가 2000년 면일초등학교로 가면서 집은 비좁고 내 마음은 넓어지면서 내가 꼭 집에 두고 봐야 할 책이 아니라면 내놓자는 마음으로 책을 교실로 실어 나르게 되었다.

가능하면 모든 학급문고의 운영은 아이들이 하게끔 했다. 1985년인가 2학년 담임을 맡고는 학급문고가 걱정이 되어 일단 개가식으로 운영을 했는데, 너무나 정신이 없는 거다. 그래서 '에라' 하고 〈도서대출장부〉를 만들어 두고 빌려 갈 때 적게 했는데, 참 잘 하는 게 아닌가? 그 뒤로 늘 그렇게 하고, 도서부를 정해 놓고 '골고루 해보기'(일인일역)의 원칙대로 돌아가면서 했다. 한두 주마다 바뀌는 게 어수선함이 아니라 즐거움이요, 활력소가 되고, 책을 귀하게 여기는 마음을 기르게 한다.

책 읽는 것 못지않게 책을 귀하게 간수하는 공부를 저절로 하게 한다. 교대를 갓 졸업한 여자 후배 선생님 한 분이 좋은 책 목록을 부탁하더니, 월급에서 적지 않은 돈으로 몇 달에 걸쳐서 많은 책을 아이들을 위해 마련하셨다. 그런데 한 학기가 끝날 무렵 그 많던 책 대부분이 없어진 일이 기억난다. 간절한 기도를 하며 안타까워하던 그 후배님 생각이 난다.

(2006.06.16.)

이곳저곳 다니며 배우는 방학[4]

아이들은 이곳저곳 다니는 것을 좋아합니다. 괜히 어른들 가는 데마다 따라가려 하고, 구박받으면서도 온 동네를 싸다니는 걸 보면 알 수 있습니다. 방학이 되면 어느 집이나 어디 가자는 아이들 성화에 쩔쩔매게 됩니다. 그냥 집만 떠나도 좋아만 하는 아이들이 여행 간 그곳에서 즐겁고 보람 있는 경험까지 할 수 있다면 얼마나 좋을까요?

시골 할아버지 댁에 가면 대개 귀한 손주님들 왔다고 어른들이 총동원되어, 맛있는 거 귀한 거 다 갖다 바치면서 받들어 모시고, 도시 아이들은 그 황홀한 대접을 은근히 기대하며 시골을 찾는 경우가 많

---

4   1991년 〈웅진 아이큐〉 8월호 어버이 책에 실렸던 글입니다.

을 겁니다. 이번 여름 방학엔 그동안 다녀온 '꿈속의 시골'이니라 '현실 속의 시골'을 다녀오게 합시다. 입고 간 예쁜 옷은 가자마자 삼촌이 입던 땀 밴 일옷으로 갈아입고, 팔 소매 걷어붙이고 논밭으로 나가 흙 주무르며, 감자도 캐고 고추도 따 보게 하면 어떨까요? 예쁜 옷차림으로 논두렁 밭두렁을 뒤뚱뒤뚱 걸으며 왕자 공주 노릇하는 건 아이들도 불편할 겁니다.

이 방학 동안 아이들이 꼭 가 보아야 할 곳이 또 있습니다. 같이 살면서도 얼굴도 보기 힘든 아버지, 집안 살림하면서 직장을 다니시는 어머니 일터가 바로 그곳입니다. 열심히 일하는 부모 모습을 보는 건 어쩌면 아이들에게 큰 충격일 수도 있을 겁니다. 방학 때이니까 가능하면 출퇴근도 같이 하고, 부모가 하는 일을 구경만 할 게 아니라 위험하지만 않다면 직접 그 일을 해 보면 더 좋겠지요. 시골 아이들처럼 부모가 일하는 걸 보며 자라지 못하는 도시 아이들에게는 꼭 필요한 하루 여행이 아닐까요?

뒤진 과목 공부도, 특기 과외도, 아니 비싼 캠프 보내는 것도 이 일보다 먼저일 수는 없습니다. 이런 여행을 하고 나면 달달 볶아대지 않아도 아이들이 알아서 더 잘해 줄 것입니다. 책으로만, 말로만 배운 공부보다는 '직접 해보고 배운 것'이 진짜 공부이기 때문입니다.

(1991.07.)

울 줄 아는 어린이 (퇴임사)[5]

 ※ 네 해하고도 아홉 달이 지난 학교 떠날 때 이야기네요. 조촐하게 가지려던 퇴임 행사가 뜻밖에 상황으로 커졌어요. 행사에서 내게 주어진 길지 않은 시간 동안 무슨 이야기를 할까. 나는 원고를 따로 준비하지는 않고, 내가 말하고 싶은 것들을 떠오르는 대로 주제별로 나만 알아볼 수 있게 적어 보았습니다. 이렇게 적은 것들 가운데 아마 반은 조금 넘게 이야기한 것 같습니다. 시간이 좀 지난 뒤에 원고로 정리를 하려니, 그날(2017년 8월 29일) 말한 것을 녹음한 것도 없고 기억은 흐릿하고 해서 몇 해째 묵히고 있었네요. 모처럼, '시간이 넉넉하게 주어졌더라면 내가 말했을 것 같은 이야기들까지

---

5 《어린이 문학》 2022년 여름 호에 실었던 글을 2022년 6월 14일 고치고 다듬었음.

보태어서 길어진' 퇴임사 원고를 정리해 보았습니다. 읽어 보니, 이야기하면서 빠뜨린 것들한테는 미안하고, 보태진 것들한테는 욕심이 보여서 부끄럽네요. 더 미루지 못하고 아쉬운 대로, 어색한 그대로를 마무리합니다. 글 속에 나오는 제자들 이름 대부분은 가명을 썼습니다.

오늘 이 자리에 서니, 처음 선생이 되어 담임한 지 한 달도 채 안 되어 연탄가스 중독으로 하늘나라로 간 은순이가 생각납니다. 그 아이가 한 저금 돈을 찾고, 쓰던 물건들과 실내화를 챙겨 들고 부모님을 찾아 위로해 드린 게 엊그제 같은데, 벌써 마흔두 해라는 세월이 흘러갔습니다. 첫 발령 학교 이웃에 있는, 혁신학교인 세명초등학교에서 교직을 마무리하려니 온갖 생각이 스쳐가네요. 혁신학교에 올 때 품었던 꿈과 다짐들을 틈날 때마다 확인하며 다섯 해를 보냈습니다. 아쉬움 한가득이지만 '몸부림을 친 것'만은 확실합니다. 개교 식구들은 기억하실지 모르겠네요. 제가 다모임에서 '겪은 일 쓰기'를 제안했지요. 교사들부터 시작해서 차츰 → 아이들 → 학부모까지 자연스럽게 참여하는 걸 기대했답니다. 나중에 잘 되면 부정기간행물로까지 발전한 글모음을 펴내고 싶었습니다. 교사 카페와 다모임에서 나름으로 애를 써 봤지만 아쉬움으로 그쳐버렸어요. 자연스러운 소통 공간이 될 수 있었는데, 정말로 아쉬웠습니다. 그리고 형편이 되면 퇴임 뒤에, '세곡동 어느 구석에 소박한 공간 하나 만들어 재능기부라도 할 수 있으면 좋겠다!' 꿈을 꾸기도 했었는데….

신촌동 음식점에서 조촐하게 치르려던 퇴임 행사가 뜻밖에 거창하게 되어 버렸네요. 애써 주신 많은 후배 선생님들과 학교 식구들, 여러 제자들, 진심으로 고맙습니다! 우리 학교 체험 활동 때 많은 도움을 주던 '◇◇떡방앗간', 저 떠나더라도 많이 이용해 주세요! 저기 앉아 있는 떡집 사장님이 제 197□년 대왕초등학교 3학년 ☆반 제자예요. 자기 꿈이 있었는데, 아내와 함께하던 일을 과감히 접고 아버님 하시던 일을 이어서 얼마나 열심히, 즐겁게 하고 있는지 모른답니다. 옛날 부족한 철부지 선생한테 배운, 지금은 저와 같이 늙어가는 옛 제자들을 이 학교에 와서 자주 만날 수 있었습니다. 그들과 퇴근 길에 더러 막걸리와 마주이야기를 나누며 저는 참 많은 걸 얻었습니다. 또 배웠습니다. 겸손, 진실, 한결같음…. 오늘 아침 첫 학교 발령 동기 황 선생의 축하 문자를 받았어요. "정년퇴임은 '하늘의 운과 나의 운이 다할 때 주어지는 것'이라네!" 참 행복합니다!

강원도 두메산골 사람인 저는, 살갗이 뽀얗고 티 없이 밝고 맑은 얼굴인 사람들을 보면 부럽기만 하고, 열등감에 주눅이 들기까지 한 적이 있었습니다. 우리 아내가 바로 그런 사람이었지 싶습니다. 손주가 며칠 전 한강시민공원에 둘이 산책 나갔을 때, "하부지, 왜 할머니랑 결혼했어? 이뻐서? 착해서?" 하길래 "둘 다"하고 말해 주었어요. 아직도 밝은 성품인 아내와 다르게 저는 웃음보다 눈물이 참 많았던 사람이었어요. 초등학교 때 작은고모네 장례식 날, 고모네 동네에 사는 동무들한테 책보를 빼앗기는 바람에 '뱅이실' 작은 고모네 집까지 어쩔 수 없이 가서 잠을 자게 되었어요. 밤새 울었지요. 중학교 때 잘 운다고 해서 얻은 별명이 '우네'랍니다. 그땐 그 별명이 창피했는데, 지금은 그 별명 지어 준 동무가 고맙기까지 하네요. 만 열두 살에 고향을 떠나 결혼하기 전까지 부모님과 동생들, 고향에 대한 그리움으로 흘린 눈물이 적지 않았습니다.

교육대학 다닐 때 국어과 김원경 교수님이 교대부국 6학년 아이들과 공부한 이야기를 해 주셨어요. 아이들에게 "6학년 될 때까지 '책을 읽고 울어본 적 있는 사람' 손들어 보세요." 하니, 손드는 아이가 거의 없었다고 하시면서 국어 교육, 특히 책읽기 교육이 잘못 된 증거라고 하신 말씀이 선생 하는 동안 가슴 한편에 자리 잡고 있었습니다. 이 자리에 계신 분들 대부분은 《강아지 똥》을 쓴 권정생 선생님을 아실 거예요. 아이들이 밝고 예쁜 이야기를 읽어야 바르게 자랄 거라고 생각하는 작가들이 많던 어린이문학 동네에서 선생님은, 아프고 어두운 이야기를 주제로 한 동화를 꿋꿋하게 쓰셨지요. 저는 지금도 제가 너무 메말랐구나 싶을 때면《몽실언니》책을 뽑아 듭니다. 아무 쪽이든 한 쪽도 읽기도 전에 눈물이 주르르 흐르지요. 시간이 나면 제가 아는 권 선생님 삶을 들려주거나 쓰신 동화를 읽어주고, 아이들 스스로 찾아서 읽으라고 자주 권하곤 했습니다. 양귀자 선생님 소설 제목이기도 한 '슬픔도 힘이 된다'와 '남의 아픔을 내 아픔으로 여기며 살 수는 없을까', '슬픔은 나눌수록 작아지고, 기쁨은 나눌수록 커진다', '남의 눈에 눈물 나게 하면 제 눈에서는 피눈물이 난다' 같은 말들을 자주 떠올리며 우리 아이들이 울 줄 아는 아이들로 자라게 하고 싶었습니다.

1979년 처음으로 6학년 담임이 되었는데, 졸업식 뒤 며칠 동안 잠꼬대까지 해 가면서 아이들 생각에 울고, 힘이 빠져서 일이 손에 잡히지 않았어요. 아내에게 "내 다시는 6학년 담임 안 할 거예요!"했는데, 6학년 담임을 참 많이도 했네요. 헤어질 때마다 눈물바다를 이루었는데, 전교조로 시달리던 1989년 아이들과 졸업식 날 헤어질 때 눈물을 한 방울도 흘리지 않은 일은 돌이켜 생각할 때마다 가슴이 아픕니다.

저는 제가 생각해 봐도 제자들에 대한 '그리움'이 유난하다는 생각을 합니다. 학년이 바뀐 뒤에도 방학 때마다 편지하던 성율이(1975년). 중학교 생활을 제대로 못하던, 초등학교 친구 결혼식 날 만난 옛 담임인 나에게 예식장 바닥에 넙죽이 엎드려 절을 하던, 이 날 만난 뒤 다시 소식이 끊어진 석희(1976, 1979년). 중학교 대신 대구에 있는 공장으로 간, '바닷가에서' 노래를 잘 부르던 지유(1980년). 학기 중에 어머니 돌아가신 송미(1984년). 초등학교 입학하기 얼마 전에 군인인 아버지를 여의고 아침마다 교실 앞에서 어머니와 떨어지지 않으려 울부짖던 동영이(1996년). 이런, 이 비슷한 제자들이 너무나도 보고 싶네요!

헤어진 뒤에 그리운 얼굴들을 만나는 반창회 때마다, 오지 않은 동무들 생각하는 시간을 잊지 않고 가졌습니다. 1981년 자양초등학교 6학년 13반 제자들이 중학생이 되어 만들어 준 공책 한 권에서 시작된 〈그리움〉 공책. 나를 찾아올 때마다 자유로운 글을 쓰게 하고, 반창회를 하는 동안에도 쪽지를 나눠주고 함께 글 쓰는 시간을 갖습니다. 그런데, 제자들이 쓴 글을 읽어보면 예전보다 마음들이 메말라 있는 것 같아서 마음이 편치 않네요! 꽤 오랫동안 옛 제자 이름 잘 외우는 선생(적어도 3, 4년 전까지는)이었는데, 어느 순간부터 그 기억력이 바닥으로 '툭' 떨어졌습니다. 많이 서글프답니다! 너무나 속상해하는 제게 서울경기글쓰기회 한재경 선생님은 "너무나 고통스러운 시간을 겪으면 그렇게 될 수 있대요." 하시며 위로해 주셨어요.

저는 아이들과 공부하다가, 학교생활을 하다가 자연스럽게 '감동'의 순간이 오면 놓치지 않고 '눈물'을 쏟아내게 하는 재주는 좀 가지고 있다는 생각이 들어요. 첫 발령 때 제자를 어떤 자리에서 만났더니 "선생님이 들려주시는 '반공 소년 이승복' 이야기를 듣고 저희 반 애들이 거의 다 울어서 눈물바다가 된 적이 있었어요."해서 정말 쥐구멍을 찾고 싶었답니다. 《새교실》인가 《교육자료》에 실린 이야기를 읽어 주었던 것 같아요. 제 고향 가까운 동네에서 있었던 일인데다가, 사건 일어난 즈음에 전해들은 이야기까지 보태어서 좀 더 실감나게 읽어 준 듯합니다. 예전에는 한 해에 여러 번, 어떤 날은 하루에도 몇 차례씩, 눈물과 웃음으로 가슴이 따스해지는 감동의 시간을 가졌지요.

1987년부터 아이들 삶을 가꾸는 데 도움이 될 시나 노래들을 외우고 부르고 있는 〈시와 노래〉를 꾸미는 말을 '눈물과 웃음을 가르쳐 주는' 〈시와 노래〉로, '웃음'보다 '눈물'을 앞에 넣었답니다. 웃음도 소중하지요. 그렇지만 눈물 흘릴 줄 모르는 사람이 웃는 웃음은 좀 아닌 것 같습니다. 시험 감독을 하다가 롱펠로가 쓴《에반젤린》을 읽으며 울고 계신 선생님. 뛰다가 힘이 들 때마다 눈물 흘리시는 스승님 얼굴을 보고 달려서 기어코 올림픽 마라톤 대표가 된 손기정 선수의 스승. 강직하시지만 눈물이 너무나 많으신 김교신 선생님을 알고부터는, 원래 눈물이 많던 저는 아이들 앞에서 마음 놓고 편히 울기 시작했습니다. 아이들을 울리려면 내가 먼저 울어야 한다는 것도 저절로 깨닫게 되었지요. 그런데 세월이 흐를수록 아이들 울리기가 왜 이리 힘이 드는지요? 잘 안 우는 아이들을 어찌할까요? 웃음 잘 웃는 요즘 아이들! 그들의 '아픔을, 외로움을, 고민을 글로 쓰고, 서로 나누며 울고, 나중에는 함께 웃을 수 있는 공부! 가슴 따뜻해지는 공부!'를 하고 싶었습니다. '참된 슬픔'을 맛보지 않고서야 어찌 '참 웃음'을 웃을 수 있을까. 남의 아픔을 제 아픔처럼 여길 줄 아는 사람이 많은 세상! 그런 사람이 지도자도 되어야 하지 않겠습니까?

나는 왜, 교단을 떠나는 날까지 학교생활이 노련하지 못하고, 늘 엉거주춤 불편해 하고, 절절매며 아이들 앞에 서 있는가? 아이들과 뒹굴면서 자나깨나 꿈꾼 것이 무엇이었나? 함께 공부하다가 헤어진 뒤에 되돌아보면 '늘 돌아가고 싶은 고향 뒷동산 같은 교실', 그런 교실을 만들고 싶어서 몸부림을 치고 있는 거라는 걸 어느 날 깨달았습니다. 모자란 게 너무나 많은 사람이지만, 아이들을 하늘처럼 섬기며 그런 교실을 꼭 만들고 싶었습니다. 제가 시골에서 태어난 사람이라는 것이 이 꿈을 이루는 데 적지 않은 도움이 된 것 같아서 늘 고맙게 생각하고 살아왔답니다.

■ 학교를 떠나려고 하니 고마운 사람들이 마구 떠오릅니다.

❶ 마흔두 해 동안 말 그대로 '죄 많은 선생'인 저와 함께 공부한 이삼천 명쯤 되는 제자들. 급훈이요 학급문집 이름이기도 한 '배워서 남 주자'를 가슴에 담고 헤어진 그들에게 이 자리를 빌어서 본의든, 실수든 나 때문에 조금이라도 마음에 상처를 입은 제자들 모두에게 진심으로 용서를 빕니다!

❷ 백창우 선생님, 1991년부터 맺어온 인연이 소중합니다! 무엇보다 하시기 힘든 걸 뻔히 알면서도 어려운 부탁을 드렸습니다. 곡은 물론이고, 세명식구들이 함께 만든 노랫말 재료들을 감동의 노랫말로 다듬으셔서 분위기가 다른 교가를 두 곡이나 선물해 주셨어요. 잘 만들어진 교가를 아이들이 신나게 부르고, 세

명학교는 유명해졌지만, 백 선생님에게 저나 학교에서 뭣 하나 제대로 해 드린 게 없네요. 많이 늦었지만, 이번에 '감사패'라도 드리게 되어 다행입니다. 저는 제 개인이 진 빚으로 생각하고, 살아가는 동안 조금씩 잊지 않고 갚아갈 겁니다.(옥수수, 엿, 향토 식품, 막걸리…)

백창우 선생님이 이번에 음반을 새로 내셨어요. 《동시 노래 상자》1, 2 (도서출판 '왈왈'-내 머리에 뿔이 돋은 날/초록토끼를 만났어) 많이 구입합시다. 많이 소문냅시다. '대박' 나게 해 드리자구요.

세명학교 여는 준비 모임을 하던 2012년 어느 여름날, "선배님, 교가~~~!!!"하며 교가 만드는 일을 앞장서서 걱정해 보겠다고 한 제 손을 꾹 잡으시던 나○주 교장 선생님. 학교를 열고 얼마 뒤에, 행정 실수로 제게 피해가 가게 될 일이 우여곡절 끝에 마무리되자 "선배님, 그 전처럼 지내고 싶어요!" 하실 때 진정을 느낄 수가 있었답니다.

❸ 선생을 하는 동안 만났던 참 좋은 선생님들, 지금도 저와 인연의 끈을 잡고 함께하고 있는 바보 같은 삶을 사시는 분들! 너무나 고맙습니다! 특히 오랜 인연으로 이 학교에 와서 많은 세상 공부를 하게 해 준, 한때 무척이나 아낌없이 사랑했던 분들, 어

쩌면 모르고도 살아갈 법한 많은 것들을 깨닫게 해 주어서 그
조차도 고맙게 생각하게 되었답니다! 학교 문 열고 얼마 동안
첫 발령 받은 후배님들께 좋은 책 선물과 제 마음 담은 편지를
전하던 소중한 기억도 고맙습니다. "처음 (푸세식) 화장실 냄새
를 맡던 감각을 세월이 흐르더라도 잃어버리지 마시라. 너무
잘하려 마시고 상식만큼만 하셔라!" 아마 이런 내용의 편지였
을 거예요.

❹ 마지막으로, 부족한 담임을 믿고 끝까지 믿고 응원해 주신 1학
년 솔반 학부모님들! 원망하셔도 드릴 말씀이 없는데, '그만 미
안해하고 제 몸 건강을 챙기라고 염려해 주시는' 이런 학부모
님들이 세상에 또 어디에 계실까요? 좋은 새 담임 선생님과 남
은 1학년, 1학기보다 훨씬 행복한 학교생활을 하게 해 달라고
열심히 기도드리겠습니다. 우리 2030년 9월 첫 번째 토요일에
꼭 만나요!

■ 중학교 간 제자가 보내온 편지로 퇴임사를 마무리하겠습니다.

"… 선생님께서는 저희를 이해하실 수 있다고 하셨지만 진정 저희들을 이해하셨다면 저희에게 알맞은 틀을 씌워 주셨어야지, 왜 앞으로 나아갈 우리에게 순진함, 착함, 과거, 한국의 미(美)라는 틀을 씌워 주서서 그 틀을 벗어나서는 새로운 틀을 쓰게 될 우리를 왜 햇병아리처럼 만드셨나요? …"

(1987년 6학년 9반 제자 정미선, 1989.05.14.)

미선이 말처럼 '지혜'를 가르치지 못한 잘못 인정합니다. 힘든 삶을 살게 해서 제자들에게 다시 한 번 미안합니다! 부디 용서해 주시기를! 그 지혜는 스스로 터득해 주시면 더욱 고맙겠구요. 아직까지도 저는 그게 가장 힘이 들거든요!!!

저는 퇴임 뒤에 되도록이면 자연 가까운 데서, 몸으로 하는 일을 많이 하며 살고 싶어요. 마음처럼 그러지 못한다면 아마도 그러기 위한 궁리를 자주 하고 있을 거예요. 저와 그런 길을 함께 걷고 싶으신 사람들은 연락 주세요. 아마 무언가 끊임없이 모색을 할 테지요. 제자, 동료, 학부모, 심지어는 아이들까지 함께하고는 싶은데, 무리하게 욕심을 부리지는 않으렵니다. 제가 이오덕 선생님만큼 존경하는 김교신 선생님이 제자들과 조선의 산하를 다니며 조선의 역사를, 교육을, 삶을 토론하던 '무레사네' 모임 비슷한 그 무엇을 언젠가는 꼭 하고 싶거든요.

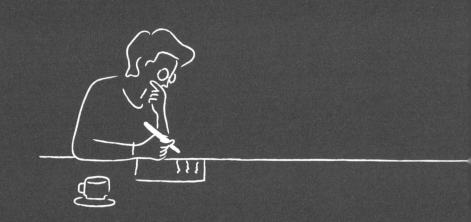

3부

글쓰기

선생님을 만난 이야기

　　겨울답지 않게 날씨가 푸근하더니 내일 저녁부터 다시 추워진답니다. 선생님 계신 하늘나라에도 눈 오고 비도 오고, 봄, 여름, 가을, 겨울도 있을까요? 제 생각에 선생님은 어릴 적 살던 바로 그런 동네에서, 그리워하던 동무들과 정답게 나무와 풀과 새들이랑 어울려 참으로 오랜만에 행복한 시간을 보내고 계실 것 같습니다. 아니, 그러셔야 합니다. 며칠 전 강원도 산골에 갔다가 밤새 내린 눈이 온 세상을 하얗게 덮은 걸 보았어요. 마치 제가 꿈을 꾸고 있는 게 아닐까 싶을 만큼 아름다움에 넋을 잃었지요. 그땐 그냥 편안했습니다. 그런데 이놈의 서울에 오니 틈만 나면 그곳이 어른거리네요.

　　지금 이 글을 쓰면서 눈을 생각하니, 선생님 동시가 떠오릅니다.

맑고 깨끗한 곳을 생각하면 선생님이 떠오르듯이.

눈 1 (이오덕)

참새가 울다 간
가지 끝에 내릴까?

소꿉놀이하던
사금파리 위에 내릴까?

멍청히 서 있는 회전그네
동그란 머리 위에
꽃송이로 피어 볼까?

어느 귀여운 아기의
머리카락을 만져 볼까?

빨간 뺨에 녹아 볼까?

까마득한 하늘에서
생각하며 생각하며 내려오던
눈송이 하나

산기슭에 피 흘리고 쫓겨 간
산노루의 발자국을 덮어 주었네.

저도 고향 그리움이 누구 못지않은데, 선생님에게 고향은 단순한 그리움을 훌쩍 뛰어넘는다는 걸 뒤늦게 깨달았어요. 선생님 살아계실 때 읽었던 글들을 떠나가신 뒤에 다시 읽으면서야 깨달았어요. 약삭빠른 도시문화가 얼마나 불편하셨을까? 우리가 아이들 가르치는 곳을, 모두가 제 잘났다고 우쭐대는 세상을, 선생님 맑은 눈으로 바라보실 때 얼마나 안타까우셨을까?

제가 1975년에 선생이 되어《교육자료》인가《새교실》인가에《일하는 아이들》과《우리도 크면 농부가 되겠지》광고가 실린 걸 본 기억이 납니다. 책 이름이 제 마음을 끌기도 했지만, 광고에 실린 판화로 그린 선생님 주름 섞인 얼굴이 참으로 가깝게 느껴졌어요. 1979년에 산《일하는 아이들》을 붉은 펜으로 밑줄을 쳐가며 감동으로 읽었지요. 그 책을 읽으면서 선생님을 만난 셈인데, 저는 지금도 아쉽습니다. 용기를 내어 편지도 드리고, 근무하시는 학교로 찾아뵙기라도 할 생각을 왜 못했는지 부끄럽기도 합니다. 저는 첫 발령 학교부터 그리 편한 선생 노릇을 한 기억이 거의 없거든요. 첫 학교에서인지, 둘째 학교에서인지도 어렴풋한데 어느 날부터 저는 사표를 써서 주머니에 넣고 다니기 시작했습니다. 그러지 않으면 마음이 불안해 할 만큼 늘 선생 노릇에 갈등하고 지냈거든요.

둘째 학교에 근무할 때 책방에서 많이 사던 책이 《이 아이들을 어찌할 것인가》였어요. 사서 가까운 선후배님, 더러 마음 통하는 학부모님께 선물을 했지요. 창비아동문고 가운데 맨 처음 산 책은 《고향을 지키는 아이들》이었어요. 책 이름이 제 마음에 쏙 들어왔거든요. 읽어보니 술술 읽히고, 반 아이들에게 읽어주니 좋아하더라구요. 《일하는 아이들》이나 《우리도 크면 농부가 되겠지》는 반 아이들보다는 어른들이 더 읽고 감동한 걸로 기억합니다. 그런데도 칭찬하거나 축하할 일이 있는 아이들에게 이 책을 선물했습니다. 사표를 지니고 다니면서 책방을 뒤지다가 만난 책이 인간사가 펴낸 부정기 간행물 《살아 있는 아동문학》입니다. 공재동, 권정생, 김종상, 신경림, 양성우 선생이 쓴 동시와 여러 편의 아이들 시, 이오덕 선생님과 몇 분 아동문학가들이 '오늘의 아동문학, 무엇이 문제인가'를 주제로 좌담한 것이 참으로 신선했습니다. 더구나 윤동재 선생이 쓴 '재운이'를 읽고 주중

식 선생이 쓴 긴 독후감은, 참으로 새로웠습니다. 이 책을 사면서 같이 산 '어린이와 소년을 위한 시' 다섯 권 한 질. 이 가운데 《재운이》 《분교마을 아이들》 《별을 찾습니다》는 늘 내게 몇 권씩 있었습니다. 이때부터 제가 선물하는 책은 주로 이 세 권 동시집이었는데, 그 가운데도 《재운이》는 조금 거친 듯해서, 《분교마을 아이들》은 너무나 따뜻해서, 늘 가까이 놓고 여러 번 읽었습니다. 《분교마을 아이들》을 읽으면서 나는 따뜻한 눈물을 많이 흘렸어요. 그 속에 어릴 적 동무들과 이웃집 농사꾼들이 자꾸 떠올랐기 때문이지요. 나중에 인간사가 문을 닫고 이 동시집들이 더 이상 나오지 않자 나는 여러 해 전에 귀한 이 책들을 잃어버릴까 봐 인쇄소에 똑같이 만들어 달라고 해서 잘 보관하고 있을 정도입니다. 《재운이》는 다시 출판사에서 펴냈는데, 오승강 선생 동시집 《분교마을 아이들》은 아무 출판사도 관심이 없으니 쓸쓸하기만 하네요.

1985년, 이 동시집들이 책방에서 자취를 감추는 바람에 '인간사'로 직접 책을 구하러 갔다가 선생님을 만났습니다. 그날 저녁 선생님 추천으로 글쓰기회원이 되고, 서울경기 지역 회원들을 만나게 되었어요. 그해 초겨울 선생님을 만나지 않았다면 저는 지금 어떤 선생이 되어 있을까요? 아니 지금까지 선생 노릇을 하고는 있을까요? 사표를 써서 지금처럼 여전히 품고 다닐까요? 선생님을 몰랐을 때도 저는 이

미 '벌떡교사'였거든요. 그러면서도 1988년 교사협의회가 생기기 전까지는 문제교사는커녕, 칭찬도 곧잘 받는 흔히 말하는 모범교사였거든요. '처음 지녔던 마음'을 지키며 살아가려고 몸부림치는 제게, 이런 저런 덧칠을 하던 사람들은 지금 어떻게 살고 있는지….

1992년, 《우리글 바로쓰기》 출판 기념회 뒤풀이 자리에서 해직교사 한 분이 눈물 글썽이며 선생님께 원망하듯이 말하던 모습이 지금도 뚜렷이 떠오릅니다.

"제가 왜 해직됐는지 선생님은 아시나요? 선생님 때문에 해직됐어요. 선생님 쓰신 《이 아이들을 어찌할 것인가》를 사범대학 다닐 때 읽고, 꼭 좋은 선생이 되고 싶었거든요. 그런데 막상 선생이 되고 보니 해직교사가 될 수밖에 없었어요!"

선생님이 갑자기 그리울 때가 있어요. 한적한 산골짝 맑은 물가나 며칠 전처럼 눈 내린 경치가 아름다운 곳에 가면, 살아계실 때 한 번 모시고 가지 못한 것이 너무나 후회가 됩니다. 선생님이 저 하얀 눈처럼 우리에게 훨훨 다시 오실 수는 없겠지요. 어쩌면 저 눈이 선생님일지도 모르지요.

(2006.12.16.)

눈 2 (이오덕)

얼마나 내리고 싶던
땅이기에
저렇게 훨훨
즐거이 오는가?

참을 수 없는 일이
땅 위에 있어
저렇게 수많은 것들이
마구 흩어져 내리는가?

아, 하늘 가득히
노래처럼
눈이 내리네.

평생 외로우셨던 분

    이오덕 선생님을 처음 뵙던 스무 해 전 이맘때 생각이 난다.《일하는 아이들》과《우리도 크면 농부가 되겠지》로 시작해서《이 아이들을 어찌할 것인가》를 읽으면서도 감히 선생님을 만나 뵐 생각, 편지라도 드릴 생각을 못 했다. 그렇지만 이 책들을 사서 좋아하는 선후배나 제자, 더러 존경스런 학부모들에게 선물을 했다. 차츰 창비 아동 문고나《재운이》, 수도 없이 눈물로 읽은《분교마을 아이들》을 내가 읽고, 선물하고 그랬다. 어떤 때는 책방에 있는 이 두 권의 동시 모음을 있는 대로 다 산 기억도 있다. 그런데 그 책들과 선생님 쓰신《개구리 울던 마을》,《우리 언제쯤 참 선생 노릇 한 번 해볼까》같은 책이 책방에서 자취를 감추어 버렸다. 그런 책들을 구할 궁리를 하다가 출판사로 전화를 하고, 책을 구하러 종로구 창신동 골목 인간사를 갔다가 선생님을 만난 것이다. 내 얘기를 나누고 있었다며 반가워하시던 그 맑은 눈의 선생님. 곧 교단을 떠나실 거라면서 서울 집세가 어떤가 물으시기도 했다. 그날 나는 선생님을 따라 지하철을 타고 종로 2가 용일 여관으로 가서 주순중 선생님이랑 몇 분을 만나고, 선생님이 추천을 해주셔서 바로 한국글쓰기교육연구회 회원이 되었다. 두 사람이 추천을 해야 하는 걸로 알고 있는데 나는 선생님 한 분만의 추천으로 회원이 되었다. (나중에 한 분께 더 추천서를 받았다고 한다. -편집자 주) 기쁘고 떨리고, 무슨 불순 모임에라도 들어간 듯 불안하기만 했다. 며칠 뒤 서울경기지역 회원들을 지식산업사에서 만났다. 벌떡 교사 노릇도 더러 하고, 아이들 선생 노릇을 제대로 할 자신이 없어서 사표를 써서 주머니에 넣고 다니다가 이들을 만나니, 나는 수만 구원군을 만난 듯 힘이 났다.

서투른 학급문집을 가지고 가면 "고 참 재밌네요!" "글 사이에 작은 그림이라도 넣으니 참 좋네요!" 칭찬만 해주셨다. 1987년에 〈시와 노래〉를 만들어 녹음테이프를 드리니, 어린애처럼 신기해 하셨다. 그러던 선생님이 어느 날부터 벌컥벌컥 화를 잘 내시고, 모임을 떠나시겠다고 하셔서 심부름꾼들과 모임을 걱정하는 분들 마음을 안타깝게 하셨다. 다 가르침을 못 따르는 못난 우리들 탓이지만, 민주주의를 말씀하시는 선생님은 회의 도중에도 불쑥불쑥 하고 싶은 말씀을 다 하시고 오해도 참 잘 하셨다. 어떤 때는 일이 잘못된 까닭을 잘못 아시고 마구 화를 내셔서, "선생님, 그게 아니라…." 말을 하니 선생님 얼굴이 벌게진 적도 있었다. 이성인 선생님은 그런 내게, "선생님하고 다투지 마시라." 했지만 나는 참 속이 상했다. 무너미로 사무실 옮기는 일도 나는 처음부터 반대를 했다. 아마 이때부터 선생님과 서먹해지기 시작한 것 같다.

1999년 전교조가 합법화 되고 첫 번째 참교육상을 선생님이 받게 되셨다. 올림픽 공원 체조경기장에 오신 선생님을 오랜만에 뵙고, 부축을 하는데 선생님 몸이 뼈밖에 안 잡힌다. 나도 모르게 눈물이 흘러내렸다.

선생님이 그 무렵 쓰신 시집, 그전에 읽던 책을 돌아가신 뒤 옛날보다 열심히 읽는다. 그때 미처 모르던 선생님 마음을 읽는다. 따스하던 분이 왜 차갑게, 매정하게, 모질게 느껴졌을까를 생각하니 가슴이 아프다. 내가 좀 아팠다지만, 자주 찾아뵙지 못한 것이 이토록 후회가 될 줄 정말 몰랐다. 물고기 잡기도 좋아하시고, 솜씨도 좋으신데 모시고 천렵 한 번 못 간 것, 어디든 깊은 산골로 여행 한 번 못 간 것, 모두 후회가 된다.

선생님은 참으로 외롭게 사신 분이다. 남의 말처럼 이렇게 쉽게 말하면 안 되지. 나부터 그렇게, 그 비슷하게 살아야 하는데, 자꾸 세상에 휩쓸려 편히 살아가려고 한다. 우리들은 선생님이 계셨기에, 선생으로서 공부할 게 끝도 없이 많으니 얼마나 행복한가. 날이 갈수록 선생님이 그립기만 하다.

(2005.10.19.)

너무 믿은 것도 죄

나는 아직도 그 아이 이름을 글 속에서라도 밝히고 싶지가 않다. 밉긴 하지만, 그 아이 처지를 생각하면 내 책임이 더 크다는 생각을 지울 수가 없다. 나만큼 괴로웠을 그 아이 이야기를 조심스레 털어놓는다.

주연이.

첫인상은 성격이 사납게 느껴질 만큼 울퉁불퉁 생겼고, 옷매무새도 제멋대로인 여자 아이. 별명이 '찢어진 걸레'이고, 남자 아이들에게도 지지 않는 깡다구 있는 특이한 아이. 아이들을 만나 글쓰기를 하고 얼마 뒤 일기장을 보니, 이리 불쑥 저리 불쑥 튀어 나갈 듯한, 그러나 힘 있는 글씨들이 눈에 띄었다. 내용은 왜 그리 긴지? 그런데도 하도 열심히 써서 자세히 일기를 들여다보게 되었다. 재치가 넘치고 날카로운 비판이 담긴 글이 제법 보인다. 긴 글들 사이에 짧은 글이 더러 섞여 있는데, 몇 편을 옮긴다.

혜진이네 부부싸움

혜진이네서 부부싸움이 일어났다. 부인의 승리다. 아저씨가 불쌍하다. 아저씨는 분해서 나가셨는데, 여관으로 가셨나 보다. 아주머니는 그릇을 깨고, 울음을 터뜨리고, 술을 마시고, 도저히 잠을 이룰 수가 없었다. 성격이 매우 난폭스러운 아주머니이다. 아주머니는 남편을 무시하는 것 같다.(1988. 3. 14)

체조 선수들의 뼈

체조 선수들의 뼈는 모두가 불량품이다. 불량품이 아니고서야 어떻게 그렇게 대책 없이 휜단 말인가?(1988. 5. 20)

이밖에도 '외할아버지', '동창회', '어른들이 좋아하는 술', '엄마 친구분들', '고모네 집', '세금', '막내 고모', '농담하다 생긴 일', '목욕탕', '엄마', '꾸중', '막내 고모 2', '술', '공부', '여러 나라', '내 자신', '어른들', '시험' …모두 스무 편이 넘는 글이 그 해 1학기 우리 반 문집에 실렸다. 주연이 글로 해서 우리 반 문집이 빛나는 것 같았고, 보는 사람마다 칭찬했다. 서울글쓰기회에서는 주연이 글을 합평하며 본보기 글로 삼을 정도였다.

더욱이 글쓰기 여름 연수회 때는 이오덕 선생님이 앞에 소개한 '체조 선수들의 뼈'를 그 아이만이 보고 느낀 전혀 엉뚱한 생각을 쓴 참 좋은 시라고 칭찬을 아끼지 않으셨다. 우리 반은 아주 잘 쓴 글은 여러 사람 앞에서 읽고 서로 이야기 나누기(글 맛보기)를 하는데, 주연이 글을 맛볼 때면 모두가 배를 움켜쥐고 웃었고 주연이 글의 열렬한 '팬'이 되었다. 다른 아이도 좋은 글이 더러 있었지만, 주연이만한 아이는 없었다.

내가 아이들 앞에 설 때 '버릇이 좀 없어도 할 말은 하게 키우자'는 다짐을 하곤 했는데, 주연이 덕분에 글쓰기를 할 때는 '좀 당돌해도 쓰고 싶은 것은 거침없이 쓰게 하자'가 신념처럼 굳어지게 되었다. 다른 아이들도 주연이를 부러워하기보다 존경스러운 눈초리로 많이 닮으려고 애쓰는 모습이 보였다.

칭찬을 많이 받아서인지 주연이는 공부시간에도 활발하게 발표했다. 머리 방울을 열 개도 넘게 달고 오고, 중학교 다니는 언니 교복을 입고 오고, 허리가 다 드러나는 짧은 윗도리를 입고 오고…. 하여튼 남다른 개성으로 연출한 복장과 용모가 눈에 뛰었고, 남자아이들한테도 발길질까지 해대며 사납게 싸우는 성질을 잘도 부렸다.

1학기가 끝날 무렵 한 학기 학급문집을 어렵게 편집하여 인쇄소에 맡기기 전날, 아무래도 주연이가 걸렸다. 그때까지 단 한 차례도 주연이 어머니를 만난 적이 없었고 주연이랑 쓴 글을 가지고 이야기를 나누며 대강 짐작하는 정도였는데, 아무래도 걸렸다. 글 내용대로라면 주연이 어머니도 보통 분은 아닐 테고, 아무리 아이만 믿고 가르쳐 왔다 해도 아이 부모의 말을 직접 들어보아야 옳을 것 같았다.

학년 초부터 글 내용이 미심쩍어서 사실인가를 여러 번 확인했는데, 그때마다 주연이는 사실이라고 했다. 편집을 다 마치고 더는 미룰 수가 없어서

"주연아, 네 글 그대로 문집에 실어도 괜찮겠니?" 하니,

"예, 그대로 실어 주세요. 그래서 우리 엄마 망신당하게 해주세요." 한다.

"그럼 내가 너희 어머니를 한 번 만나 뵈면 안 될까?"

아이가 깜짝 놀라

"절대로 안 돼요!" 한다. 뭔가 있구나 싶어서, 몰래 그 아이 어머니를 만났다. 첫 인상이 주연이와 너무나 닮아서 웃음이 나올 정도였다.

"주연이가 어머님을 빼닮았네요!"

"내가요? 날 보고 주연이 닮았다는 분은 선생님이 처음인대요!"

의아한 표정에 기분 나쁜 표정까지 지으신다.

'아니, 어머니란 분이 저럴 수가?'

사실 만나기 전에도 '혹시 친어머니가 아닌가?' 하는 생각까지 했는데, 무언가 이상했다. 몇 가지 이야기를 나누는데, 아이들은 때려서 키워야 한다, 매를 아끼면 안 된다, 형제 가운데 공부를 가장 못해서 미움도 많이 받고 미운 짓만 하고 성질이 사납다,…. 나는 쉬지 않고 딸을 흉보는 어머니의 말을 듣기만 했다.

한참 뒤, 주연이가 쓴 글을 보여주며 문집에 실어도 되겠느냐 물으니, 내 마음대로 하란다. 뜻밖에 허락을 받았는데도 마음은 찜찜했다. 학교에서의 생활을 들려주며, 너무 미워하지 말고 때리지 말고, 따스하게 해 주시라고 부탁을 했다. 나는 주연이에게 집에서 채우지 못하는 사랑을 주고 무엇보다 인정해 주려고 여러 가지로 애를 써 오고 있었다. 나는 이미 어머니 말을 무시하고 있었다. 속으로 '참 나쁜 어머니구나!' 판단하면서.

"선생님은 왜 내 말을 안 믿고 주연이 말만 믿으세요?"

"예, 뭐라 하셔도 좋습니다. 주연인 제가 믿습니다. 절대 어머니 생각하시는 것처럼 그런 나쁜 아이가 아닙니다."

내 기세에 눌려서인지, 더 이상 아무 말씀도 안 하셨다. 문집이 나온 뒤, 주연이에게 어머니를 이해하도록 애써 보라고 부탁하며, 어머니의 좋은 점도 찾아보라고 했다. 주연이 글은 조금씩 어머니에 대해 이해하는 것이 보이고, 부모님도 전보다 잘해 주신다고 했다. 얼굴 표정이 밝아져 갔다.

일기도 지치지 않고 열심히 쓰는데, 어떤 날은 하루에 서너 편씩이나 쓰는 부지런함을 보여줬다. 구월 말까지 쓴 일기가 무제 공책 다섯 권이었으니, 대단하기만 했다. 더불어 복장이나 용모도 무척이나 깔끔해지고, 세련되게 바뀌었다. 동무들이 "주연이 예뻐졌지요?" 할 만큼 눈동자가 살아 있고, 온몸에 자신감이 넘치고 있었다. 바닥을 헤매던 성적도 2학기 중간고사부터 올라가더니, 학년 말에는 산수 빼고는 전 과목 평균이 80점을 넘을 만큼 쑤욱 올라간 것이었다. 글도 잘 쓰고, 성적도 놀랄 만큼 오르는 주연이를 동무들 앞에서

"이렇게 계속하면 서울대학도 가겠다. 봐라, 글쓰기를 잘하니 공부도 잘하게 되잖아."

하고 칭찬을 한 것은 물론이다. 주연이의 기는 살아날 대로 살아나고, 내게 어리광도 피우고, 편지도 많이 써 주었다. 동무들과도 잘 어울리고, 하루가 다르게 차분해져 가는 주연이를 많은 사람들이 좋아하게 되었다.

이때 이오덕 선생님이 주연이의 글을 책으로 펴내면 어떠냐고 하셨다. 조금 두렵긴 했지만, 내가 존경하는 선생님 제의에 감사할 따

름이었다. 얼마 뒤, 일기장을 건네 드리고, 계약을 앞두고 부모님 동의를 받기 위해, 주연이 아버지, 어머니를 만나기로 했다. 계약 조건은 돈으로 직접 주기보다는 좋은 책과 중학교 들어간 뒤 장학금으로 주기로 잠정 약속을 하고, 부푼 가슴으로 약속 장소로 갔다.

어머니를 만나 이야기를 하니, 눈물까지 글썽이시며 내 손을 덥석 잡고

"선생님, 고맙습니다!"

하고 마구 흔들어 대신다. 조금 뒤, 주연이 아버지가 오시고, 언니가 왔다. 주연이 글의 대부분이 《ㅁㅁㅁ의 일기》라는 어느 중학교 중퇴생이 쓴 일기에서 베껴 쓴 것이 밝혀졌다. 주연이 아버지는 이미 알고 있었던 것이다. 선생님에게 칭찬받고 학교생활 잘하고 있으니, 모른 체하고 있다가 책으로 펴낸다는 말을 듣고 놀라서 입을 여신 거였다.

《ㅁㅁㅁ의 일기》를 넘기며 하나하나 표절 글이 나올 때마다 나는 땅이 꺼지는 것 같았다. 배신감인가, 나 자신에 대한 실망인가. 다리가 후들거렸다. 겨우 기운을 차려서 이오덕 선생님께 전화를 드리고, 얼마 동안 글쓰기 활동은 하지 않겠다고 말씀드렸다. 어쩔 줄 몰라 하는 그 집 식구들과 헤어져 집에 오자마자 푹 고꾸라졌다. 책 내는 기쁨에 며칠 동안 힘든 줄 모르고 뛰어다닌 피로가 한꺼번에 몰려왔다.

기특하다고 쓰신 책을 손수 서명을 해서 선물하신 이오덕 선생님을 생각하니, 너무나 죄스러웠다. 며칠 뒤 과천으로 찾아뵙고 사과드리고, 이 일을 어떻게 처리할까 의논드렸다. 마음으로는 모두에게 있었던 일을 알리고 싶었는데, 선생님은

"좋은 교훈으로 삼고 잊어버립시다. 그 아이에게 상처가 안 되게 해주세요."

하셔서 조금은 무겁지만, 고마운 마음으로 집으로 돌아오면서, 내 마음이 안정되면 주위 사람들에게 털어놓아야지 마음을 정리했다.

반 아이들에게도 책 낸다는 말을 비밀로 하다가 그 사실을 알게 된 바로 그날, 참지 못하고 말을 해버려서 참으로 난감했다. 일단 주연이를 위해 말을 안 하기로 했다. 이때 처음으로 주연이가 미워졌다. 녀석 얼굴이 너무나 뻔뻔스러워 쳐다보기도 싫었다. 며칠 뒤 주연이가 나와 이오덕 선생님께 편지를 써서 왔다. 그래도 미웠다. 겉으로 애써 태연했지만, 내 마음은 '어서 졸업해서 내 곁에서 없어져라.' 하는 생각만 나고, 일도 손에 잘 안 잡혔다.

"일기장을 태워버리고 싶습니다. 어서 돌려주세요."

하는 편지를 받고, 일기장을 돌려주며 베껴 쓴 글에 표시해보라 했더니, 약 40편쯤 되었다. 잘 썼다 싶은 글은 영락없이 베낀 글이었다. 자세히 살펴보니, 전체의 대부분은 표절이거나 표절에 가깝고,

나머지는 누가 뭐래도 제힘으로 쓴 글이고, 잘 쓰지는 못했어도 열심히는 썼다고 인정할 수 있는 글들이었다. 아무리 베껴 쓰고, 아무리 담임 칭찬이 듣고 싶어서 썼다 해도 그 엄청난 일기를 쓴 주연이가 야속하기는 했지만, 덕분에 자신감을 가지고 학교생활 하고, 성적이 오르고 한 그 변화를 어떻게 봐야 할까? 나는 이 일을 겪고 나서 아이들 글을 볼 때 조금이라도 미심쩍으면 확인하고 또 확인하는 버릇이 생겼다.

졸업 날이 가까워지니 아무것도 모르는 다른 아이들이

"주연이 책 안 나와요?" 할 때

"으응, 주연이 부모님이 반대해서….."

하고 얼버무리고 말았다. 언젠가 주연이가 제 입으로 이 일을 말하면 좋겠다. 나는 정말 내 제자를 믿는 선생이 되고 싶었는데, 앞으로 또 속을지라도 또 믿게 될 테지. 그 일기는 졸업하고 얼마 뒤, 주연이에게 가져오라 해서 내가 아직 가지고 있다. 아이에게 짐이면 내게도 똑같은 짐이다. 아이는 그때까지 태우지 않고 잘 간직하고 있었다. 헤어지고 십 년쯤 흐른 뒤에 주연이가 회사에 다닌다는 소식을 들은 게 마지막인데, 지금 어디선가 더 당차고 따스하게 잘살고 있을 거라는 믿음은 변치 않고 있다.

(2006. 10. 12)

사실을 떠나면 글이 안 된다[6]

(글 이오덕_우리말 연구소)

여름 연수회 '합평 작품'에 대한 의견

※ 이번 여름 연수회에서 합평한 작품들에 대한 저의 소견은 그때 대강 말했습니다만, 시간에 쫓긴 사정도 있고 해서 결론도 못 내렸고, 충분히 하지 못한 말도 있었기에, 여기 다시 정리하고 보충해서 적어보았습니다. 합평한 작품은 〈연수 자료〉 5부(어린이 글)의 다섯 편, 7부(어른 글)의 세 편이었는데, 여기서 작품을 다시 들어 보이고, 차례는 ①②③…으로 새로 매겼습니다.

---

6 한국글쓰기교육연구회 회보 〈1995년 09월호〉 -작품 합평, 그 가운데 '③ 불쌍한 아이들' 부분만 발췌하여 실었습니다.

③ 불쌍한 아이들 (서울 신명 6-8 조주희)

미술 시간에는 슬라이드를 보고 그리기를 했다. 그 슬라이드의 내용은 실제로 있었던 일이다. 몇 년 전에 농사를 짓고 살던 4가족이 땅을 팔고 서울에 이사를 와서 지하실 방 한 칸을 얻어 놓고 살았다. 엄마도 아빠도 일 나가고 어린 동생과 여자아이가 집에 남았다. 어머니는 자식들이 도망가거나 나쁜 사람들이 잡아갈까 봐 문들을 꼭꼭 잠그고 일을 나간다. 여자아이와 동생은 너무 심심해서 불장난을 하는데, 그 불이 옷에 붙어서 큰불이 났다. 창문은 아주 작고 방문은 열어도 열리지 않고… 그래서 둘은 결국 질식해서 죽고 만다. 그 내용을 보고 우리 반 여자아이들은 거의 울었다. 우리나라에 아직도 이런 사람들이 있다니! 특히 우리 마음을 슬프게 했던 것은 죽은 두 아이가 한 말 때문이다.

"엄마! 아빠! 결코 엄마 아빠의 잘못이 아니야! 언젠가는 천국에 가서 만날 수 있을 거야. 하지만 이런 세상에는 다시는 오지 않을 거야!"

나는 이 말을 듣고서 눈물을 주르르 흘렸다. 정말 우리나라에서는, 정부에서 하는 일이 무엇인지 알 수 없다. 우리들이 마음

껏 뛰놀 수 있는 세상! 사회 복지 시설이 잘 되어 있는 세상! 범
죄가 없고 행복으로 가득찬 세상! 어디 그런 세상은 없을까?

이 글은 몇 해 전에 있었던 사건을 슬라이드로 보고, 그 본 것과
느낀 것을 쓴 것이다. 텔레비전으로 보게 되거나 신문으로 읽게 되는
어떤 커다란 사건은, 더구나 그것이 아이들의 삶과 관계가 있는 사건
이라면 그때 그때 교육의 자료로 다룰 필요가 있고, 글쓰기의 기회로
삼는 것이 좋다. 그 사건이 어떻게 해서 일어나고, 경과가 어떻게 되
고, 어떤 결과가 되었는가? 그 사건이 일어난 근본 원인은 무엇인가?
이런 사건이 일어나지 않도록 하려면 어떻게 해야 하는가? 이런 문
제들을 아이들과 의논하고 토론하면 좋은 교육이 된다. 글은 서사문,
조사보고문, 감상문, 주장하는 글 따위 여러 가지 글로 쓰게 할 수 있
을 것이다.

그런데 이 글은, 사건이 일어난 몇 해 뒤에 슬라이드를 보여주어
서 그림을 그리게 했다고 한다. 이런 사건을 교재로 다루는 일은 그
때그때 해야지, 몇 해나 지난 뒤에 할 것이 아니다. 그리고 슬라이드
를 어떻게 만들었을까? 아마도 그림을 그렸거나, 그림과 사진을 섞
어서 만들었는지도 모른다. 이런 슬라이드를 보고 그림을 그리게 하
는 지도를 나는 좋게 볼 수 없다. 그림을 보고 그리게 하면 모두 그 그

림 흉내를 내어 만화같이 그린다. 슬라이드를 어떻게 어느 정도로 만들었는지 알 수는 없으나, 차라리 자세하게 이야기를 해 주는 것이 낫지 않았겠나 싶다. 그래서 그림 그리는 것은 하지 말고, 글이나 쓰게 했더라면 하는 생각이 든다. 그러나 아무래도 시원찮은 노릇이다. 몇 해 전에 있었던 이런 일보다 차라리 거의 날마다 일어나는 온갖 크고 작은 사건들, 텔레비전으로 보고 신문에서 읽게 되는 온갖 일들에서 아이들이 모두 관심 있는 사건을 얼마든지 찾아낼 수 있을 테니까.

그리고 또 이 아이들에게 보여주었다는 슬라이드의 내용이 그다지 미덥게 생각되지 않는다. 죽은 두 아이가 한 말이

"엄마! 아빠! 결코 엄마 아빠의 잘못이 아니야!"

이렇게 되어 있기 때문이다. 어째서 엄마 아빠의 잘못이 아닌가? 그 사건을 무엇으로 보든지 듣든지, 아이들은 모두 우선 누구보다도 먼저 그 부모를 원망할 것이고, 그렇게 보는 것이 당연하다. 그런데 아이들을 그렇게 가두어 놓고 불태워 죽였는데도 부모들의 그런 책임은 묻지 않고, 불에 타 죽어가는 아이들의 입에서 엉뚱한 효자들의 유언을 외치게 했다는 것은 도무지 될 일이 아니다. 이른바 의식화 교육이란 것을 이렇게 졸렬하게 하니까 그것을 비난하는 반민주 억압교육의 세력이 뿌리 뽑히지 않는 것이다.

이래서 이 글의 끝 부분에서 쓴 말—

'정말 우리 나라에서는 정부에서 하는 일이 무엇인지 알 수 없다'

'우리들이 마음껏 뛰놀 수 있는 세상! 사회복지 시설이 잘 되어 있는 세상! 범죄가 없고 행복으로 가득찬 세상!'

이런 말들이 글쓴이의 몸에서 나온 말이 아니고 머리에서 나온 말, 지도교사의 가르침을 그대로 따라 적어 놓은 것이라 본다. '숨막혀서 죽고' 해야 할 말을 '질식해서 죽고' 라고 쓴 것도 어른들의 말을 따라서 쓴 것이다.

그런데 글 중간쯤에서

'우리나라에 아직도 이런 사람들이 있다니!'

라는 말이 나와 있는데, 옛날에는 이런 비참한 일들이 예사로 있었다고 본 것일까? 그만큼 역사를 모르고 사회를 모르고 있는 것이지만, 아무튼 이 글을 쓴 아이가 옛날에는 모두 비참한 생활을 했지만 요즘은 우리나라 사람 모두가 아주 잘 살게 되었다고 보는 것이 틀림없다. 이런 아이들에게는 사람이 어떻게 살아가는 것이 참되게 사는 것이고 행복하게 살아가는 것이란 가르침부터 주어야 한다고 본다.

지금까지 한 말을 다시 정리하면, 이 글은 첫 시작부터 문제가 있었다. 자기가 바로 겪은 사실을 글감으로 하지 않았던 것이다. 그리고 슬라이드의 내용이나 지도 교사가 가르친 말이 아이 중심이 아니고 어른 중심으로 된 성급한 관념을 아이들의 머리 속에 집어넣는 것으로 되어 있다. 그래서 글을 쓴 아이의 삶에서 우러난 말은 거의 없다.

어른들이 끊임없이 무엇을 자꾸 가르쳐서 머리속에 지식이나 관념을 쑤셔 넣기만 하려고 할 때, 아이들은 어떻게 해야 하나? 이럴 때는 자기 마음에서 우러난 진정한 느낌이나 생각과, 책에서 읽은 지식, 그리고 어른들한테서 들었던 지식이나 생각을 반드시 구별해서 쓰는 태도를 가지게 해야 한다. 가령 '정부에서 하는 어떤 일이 잘못 되었다'고 썼을 때, 그것이 진정으로 자기가 그렇게 생각했다면 그 까닭을 쓸 것이지만, 자기 생각이 아니라면 어느 책에서 읽은 말이라 하든지, 누구한테서 들었다든지, 신문에서 읽거나 방송에서 들었던 의견이라든지, 아무튼 그런 의견이나 주장이 나온 근거를 밝히도록 해야 한다. 그렇지 않고, 책에서 읽은 것이고 교실에서 들은 것이고 죄다 자기 생각처럼 쓰는 태도는 글쓰기의 길에 아주 어긋나는 정직하지 못한 태도라 하겠다.

아이들의 글뿐 아니라 어른들의 글도 마찬가지다. 남의 말이나 책에서 읽은 어떤 대문을 마치 제 것처럼 가져가서 쓴다면, 이런 일은 법의 문제가 되기 전에 우선 글쓰기의 길에 아주 벗어난다. 다른 사람들은 몰라도 적어도 글쓰기의 길을 바로 닦아 보겠다고 나선 우리 글쓰기회원만은 이런 손가락질당할 일을 저지르지 말았으면 좋겠다.

차갑기만 한 비판[7]

　나는 비판이 있어야 교육도, 문화도 그밖에 모든 것이 바르게 발전할 수 있다고 늘 굳게 믿고, 학교에서도 그런 처지에서 말하고 행동하려고 애쓰고 있다. 더욱이 비판의 근거가 틀리거나 주관에 치우쳤을 때는 내가 부족하더라도 모른 체할 수가 없다. 회보 6호의 〈작품합평〉을 읽은 우리 회원이나 다른 사람들에게 합평 자료 '불쌍한 아이들'과 관계 있는 모든 상황을 제대로는 알려 드려야 한다는 책임감 때문에 조심스럽게 이 글을 쓴다.

　글을 시작하기 전에 지난 7월 26일 총무님께 컴퓨터 통신으로 보

7　한국글쓰기교육연구회 〈1995년 10월호〉 회보를 읽고 보낸 글

낸 편지 일부를 소개한다. 내가 담임했던 조주희가 쓴 글이 여름 연수회 합평 자료로 뽑힌 걸 보고, 집안 사정으로 연수회를 가지 못하게 돼서 내가 못 가는 대신 그 글을 쓴 아이와 그 글에 대한 배경을 아쉬운 대로 간단하게 써 보낸 거다.

글쓰기회 총무님

(줄임)그런데 이번 회보를 보니까 우리 반(올해 졸업한) 조주희가 쓴 글이 <합평 자료>에 실렸더군요. 제가 가면 그 글과 글 쓴 아이에 대해 도움말을 들려 드릴 텐데, 못 가니까 이 자리에서 간단하게 쓸게요. (줄임) (*이 부분에는 주희네 가정 환경과 성격, 학교 생활 들을 소개했음.)

이 글은, 미술 시간에 정태춘의 노래 '우리들의 죽음'을 영상극으로 만든 걸 보고 나서 일기장에 쓴 글입니다. 지난해에 우리 반 미술을 가르친 교과전담 교사는 대학 후배인데, 온갖 자료를 다 준비하고 연구해서 한 시간 한 시간이 알찬 미술 시간이어서 아이들도 선생님들도 다 좋아했습니다. ①나는 그 전(*이 노래 테이프가 처음 나왔을 때)에 이 노래만을(슬라이드 없이) 들려

준 적이 있는데, 아이들이 내용을 쉽게 받아들이지 못 하더라구요. 국민학생에게 노랫말과 분위기가 조금 어려워서 그랬는지…. 그런데, 그날(*교과전담 교사가 가르치는 미술이 든 날) 미술 시간이 끝나고 오니, 눈이 벌겋게 된 아이들이 꽤 많더라구요. 그 선생님은 무슨 재주로 그렇게 수업을 이끌었는지 조금 놀랐어요. 아마 누구보다 열성을 다 해서가 아니었나 생각했지요. 그리고 딴 아이들이 쓴 일기(내가 쓰라고 하지 않았음, 쓴 아이들은 모두 스스로 쓴 것임)에도 보니, 긴 노랫말의 일부를 외우듯이 기억해서 썼더라구요. 노래를 들으면서 쓸래도 어려울 것 같은데.

이 글을 가지고 나중에 더 얘기하거나('글 맛보기' 같은 것) 따로 지도하지 않고 아이들이 쓴 그대로를 손대지 않고 학급 문집에 실은 겁니다. 앞 부분에서 영상극 내용을 쭉 정리하고, 나중에 자기 생각을 덧붙인 건데, ② 그 이야기를 가지고 따로 시간을 내어 토론이라도 해볼 걸 하고 늘 아쉬워하다가 그냥 아이들을 보냈어요. 딴 일들을 하느라고 그럴 짬을 못 낸 거지요. 어정쩡한 글쓰기 결과라서 부끄럽습니다. 저는 그냥 아이들이 좋은 공부하고 따스한 눈물 흘린 걸로 만족했어요.(줄임)

1995년 7월 26일 김 익 승 올림

글을 바르게 이해하는 데 도움을 주려고 급하게 써 보낸 이 편지 내용이, 내가 이 글을 쓰면서 총무님께 알아보니 합평에 참가한 사람들에게 전해지지 않았다고 한다. 심부름꾼들이 깜빡 잊었는지, 바빠서였는지는 잘 모르겠지만 나로서는 아쉽기만 하다. 그때까지 자료집이 인쇄에 들어가지 않았다면, 자료집 그 아이 글 앞에 담임 글로 싣거나 다른 방법으로라도 합평할 사람들에게는 반드시 알렸어야 했다.

나는 학급 문집에 실리는 글을 이렇게 뽑는다. 글쓰기 지도에 온통 힘을 쏟아서 좋은 글이 많이 나온다면 (나는 다양한 체험을 많이 하는 교육 활동도 한 편의 훌륭한 글을 써내는 것 못지 않게 소중하다고 보고 거기에 더 많은 힘을 쏟고 있다.) 그런 글로만 채울지도 모르겠지만, 나는 문집을 한 해를 되돌아보는 거울처럼 생각하고 우리 반의 그때 그때 모습이 생생하게 담긴 글들은 수준이 좀 떨어져도 빠뜨리지 않고 실으려고 마음 쓰고 있다. 주희가 쓴 글이 좋은 글이라서 실은 것이 결코 아니라는 말이다. 내가 들려 주고 분위기를 잡아 주어도 꿈쩍도 않던 아이들을 (*부끄럽지만 나는 아이들 마음을 많이 흔들어 놓는 데 어느 만큼 자신이 있었는데…) 후배 선생님이 울린 거다. (내 편지 ①번 참고) 미술 시간에 겪은 일 그대로를 문집에 담고 싶었고, 앞에 이야기한 아쉬움들이 있지만 아이들 나름으로는 소중한 체험이었으리라 나는 믿고 실었다. 내가 직접 미술 수업을 하지는 않았지만, 이 글을 체계있게 지도 못하고 쓴 그대로를 학급 문집에 실은 사람으로서 책임을 피하지는 않겠다.

'우리들의 죽음'에 나오는 노랫말과 슬라이드 내용을 그대로 옮긴 것, 더더욱 "엄마! 아빠! 결코 엄마 아빠의 잘못이 아니야!…" 하는 말, 글 마지막 부분의 어른들에게 들은 말과 생각을 따라서 쓴 것, … 문제투성이임을 인정한다. (이 글로만 볼 때 말이다.) 그렇지만 이 글에서 슬라이드 내용을 간추려 쓴 건 ("몇 년 전에… 질식해서 죽고 만다.") 아이가 공부하고 나서도 그 장면이 생생하게 떠올라서 스스로 쓴 것이다. "아직도 이런 사람들이 있다니!" 하는 말 이야기인데, 요즘 아이들이 그만큼 세상을, 역사를 모르고 있다는 걸 선생님도 인정하셔야 한다고 본다. (인정하고 계신 것도 같다.) 그래서 참되고 행복하게 살아가게 하려고, 내 나름으로 이것 저것 열심히 가르치고 있다. 그런데, 이 글은 새학년 시작하고 얼마 안 된 3월 18일 쓴 글이다. 그리고 더 뚜렷한 것은, 《배워서 남 주자》94-①'과 《배워서 남 주자》94-②'에 정부에 대한 이런 식의 비판이나 구호처럼 외치는 글은 거의 없다는 것이다. 이 글을 쓴 뒤에 함께 공부하는 동안 주회와 다른 아이들 생각이 바뀌어 가는 것을 나는 느꼈고, (문집에 실린 글로도 나타났고) 그래서 지금도 떠나간 아이들을 믿고 있다. 나도 그런 글을 쓰게 하고 그런 글과 교육 방법이 좋은 것인 줄로만 안 때가 잠깐 있었지만, 아이들이 무조건 내(담임) 생각을 따르는 걸 부끄러워할 줄은 안다. 학급 문집 전체의 흐름을 봐도 내가 그런 교육을 하고 있는 걸로 보이는지, 이 글 한 편으로만 볼 때 그렇게도 보이는 건지 확실하게 말씀해 주셨으면 좋겠다.

이 아이 글 한 편(물론 문집 전체로 보면 비슷한 글이 몇 편 더 있겠지만)만으로 담임의 교육관을 판단하고 흔든다면, 작품 합평을 한 사람들과 회보 글만 읽는 사람들은 오해하기가 쉽지 않겠는가. 따로 쓴 글 한 편이라면 모르겠지만, 학급 문집에 실린 많은 글 가운데 한 편을 뽑아서 합평 같은 것을 할 때는 좀 더 신중해야 하리라 본다. 학급 문집과 관계없이 그냥 글 한 편이 되어 비평의 도마 위에 올려질 때는 지도 교사가 합평 받고 싶은 글로 하든가, 충분한 글의 배경을 안 다음에 해야 옳다고 생각한다. 선생님 글을 읽고 나서 생각하니 ②처럼 그런 시간을 갖지 못한 게 아쉬우면서도, (우리 반 학급 문집을 다 읽으셨을 텐데) 미술을 가르친 후배 선생님이나 내가, 걱정하시는 그런 생각을 아이들에게 집어 넣었을까 봐 잘못된 '의식화 교육' 이야기까지 하신 건 지나치시지 않나 싶다. 나도 그런 의식화 교육을 누구보다 비판해 왔는데 이런 말을 들으니 앞이 캄캄할 뿐이다. 일부러 그러셨는지는 모르지만, 많은 글 가운데서 그 글을 뽑아 같은 제목의 중학생 글과 나란히 놓고 보니 정말 잘못 된 글처럼 보인다.

내가 심부름꾼일 때도 그랬고, 그 뒤에도 적지 않은 우리 회원들은, 선생님 앞에 지도한 아이들 글을 보이거나 회보에 글쓰기를 두려워한다. 비판을 두려워하지 말자고 말하는 나도 솔직히, 글 쓸 때마다 겁이 난다. 사정없이 휘몰아치는 건 좋지만 마음 약한 회원들이 두려워하면서 조심스럽게 내민 글에 조금은 '따스한(?) 채찍질', '비판 받으면서도 가슴이 뭉클해지는 지도 말씀'이 아쉬울 때가 있다. 언젠가 열심히 활동하던 어느 회원이 회보에 글쓰기 지도안을 한 번 실었다가, 다시는 글을 안 쓰고 모임에서도 멀어진 일이 생각난다. 어쨌거나 그 회원이나 그런 정신을 가진 사람들이 잘못이다. 우리에게 지금, 선생님만큼 완벽한 선생님이 어디 또 계신가. 선생님에게 더 완벽한 따스한 너그러움까지, '따뜻한 사람'의 논리까지 바라는 건 지나치기만 한 욕심일까. 어느 한 곳을 현미경으로 들여다 보듯 파헤쳐, 읽는(듣는) 사람 누구나가 고개를 끄덕이게 하는 이론과 실제를 우리는 기를 쓰고 배워야 한다. 그 이상 우리가 선생님께 아쉬워하는 부분은 우리들 스스로가 메꾸어야 할 몫이겠지. 두려워도 야속해도 배워야 하고, 건강하셔서 오래오래 우리를 이끌어 주시길 빌어야 한다.

우리가 글쓰기 회원으로 글쓰기 지도를 잘해서 제자들 모두가 좋은 글을 쓰고, 우리 스스로 글 쓰는 데 자신을 갖게 된다면 좋을 테지만, 선생님께서도 그걸 바라신다면 언제까지나 실망하실 수밖에 없을 것 같다. 노력은 하겠지만 글 못 쓰는 아이들이 있듯이, 글쓰기로는 선생님 기대에 못 미쳐도 아이들을 사랑으로 바르게 가르치고 배우는 우리 회원들이 많이 있다는 것을 말씀드리고 싶다. 우리 모임이 뛰어난 글쓰기 지도자를 기르는 것만이 목적이 된다면, 글 잘 쓰는 회원만이 회원 자격이 있다면 나부터 모임을 떠날 수밖에 없다. 겸손하게 자신이 부족함을 알고, 언제나 배우고 또 배우고, 아는 것은 아낌없이 실천하는, 아이들 사랑이 넘치는 사람이면 훌륭한 글쓰기 회원이 아닐까.

같은 문집에 주희가 옮긴 것보다 더 긴 노랫말을 그대로 옮긴 문지영이가 쓴 '어린이 질식 사고'라는 글도 실려 있다. 노래 테이프도 없는 아이가 그 긴 내용을 외워서 쓴 게 하도 신기해서 물어 보니, 정말로 그 긴 노랫말이 너무나 가슴에 와 닿아서 저절로 외워지더라는 거다. 나는 그 말을 듣고 그 일기에도 '☆표'를 해 줬다. 글로만 나타내고, 그걸 읽으며 생각하고 판단하는 일이 참 어렵고 두렵기만 하다. 내가 보낸 편지를 무시해 버린 심부름꾼들을 탓하지만, 그 내용이 실렸더라도 별 수 없었겠구나 하는 생각도 든다. '글쓰기의 길에 아주 벗어난' '손가락질당할 일을 저지른' 사람이 그냥 매만 맞을 수 없어 이 글을 썼다.

사람은 따뜻하게, 한 일은 냉정하게[8]

김익승 선생님께

지난 회보에 난 '차갑기만 한 비판'을 읽고, 김 선생님을 마음 아프게 해드렸구나 싶어 미안한 마음이 들었습니다. 그리고 그 '불쌍한 아이들'이란 글이 김 선생님이 맡으신 아이가 쓴 글이었다는 사실을 깨닫고, 더구나 합평할 때 참고하라고 자료까지 글쓰기회 사무실로 보냈다는 것을 알고, 뭔가 좀 잘못되었구나 싶었습니다.

그 아이가 쓴 글이 김 선생님이 담임하신 아이였다는 것을 내가

....

8 한국글쓰기교육연구회 〈1995년 11월호〉에 실린 '회보를 읽고' 이오덕 선생님이 쓰신 글

224

몰랐다고 하면 듣기에 이상하지요. 처음 그 글을 합평 자료로 뽑았을 때는 그것을 바로 《배워서 남 주자》라는 학급문집에서 찾아낸 것인지, 아니면 언젠가 그 문집에서 가려뽑아 두었던 여러 작품 가운데서 뽑은 것인지 분명한 기억이 없습니다. 아무튼 맨 처음에는 학급문집에서 찾아낸 것이기에 김 선생님이 지도하신 것이라 잘 알았을 것입니다. 그런데 합평 작품으로 글쓰기회에 보낸 다음부터는, 더구나 여름 연수회에서 합평을 할 때는 그 자료가 어디서 나왔던 것인지 아주 잊어버렸습니다. 하도 나는 잊기를 잘해서 탈입니다. 그런데 합평할 때는 그 글을 지도한 사람이 누구인가를 알면 참고가 되어 더 잘 하게도 되지만, 한편 도리어 제대로 비판을 못하는 수가 있지요. 그래서 이번 합평 작품들에도 지도한 분의 이름은 아주 쓰지 않았고, 찾아보려고도 안 했던 것입니다.

왜 이런 말을 하는가 하면, 나는 김익승 선생님이 성급한 '의식화' 교육을 하는 분이라고는 조금도 보지 않고 있었기에, 그 글이 김 선생님이 지도하신 문집에서 나온 것을 알았다면, 김익승 선생이 담임한 학급에서 어째서 이런 글이 나왔는가 하고 반드시 한마디 했을 것이기 때문입니다.

그 글을 합평 자료로 가려 뽑은 까닭은 무엇보다도 똑같은 제목으로 쓴 어느 중학생의 글과 잘 견주어 볼 수 있겠다 싶어서였습니다.

그리고 내가 합평을 할 때와 회보에 쓴 것과는 달리, 처음 그 글을 읽었을 때는 아주 좋은 글로서, 함께 실은 중학생의 글과 잘 대조가 된다고 느꼈습니다. 이점에 대해서는 그 글을 컴퓨터로 치도록 부탁하면서 신정숙 씨한테도 내 의견을 말한 적이 있습니다.

그런데 자료집에 실려 나온 것을 다시 읽어 보니 지도방법에서 잘못된 점이 드러났습니다. 아이들의 글은 처음 한번 슬쩍 읽어서 곧 그 참 모습을 잡는 수가 많지만, 이렇게 언뜻 보고 잘못 느끼거나 판단하는 수가 많구나 하는 생각을 하기도 했습니다.

이런 자질구레한 말을 늘어놓는 까닭은 무슨 변명을 하려는 뜻이 아닙니다. 어디까지나 사실을 사실대로 밝혀 두고 싶어서 하는 말입니다. 그리고 오해는 풀어야겠기에 또 하나 말할 것이 있습니다. 그 아이가 김 선생님의 반인 줄 알았다면 좀더 조심스런 평을 했을 것이 틀림없습니다. 왜 그런가 하면, 내가 보기로 김 선생님은 유달리 신경이 날카로와 무슨 말을 할 때도 퍽 조심이 됩니다. 남들은 모르지만 나는 그렇습니다. 그래서 지난날 글쓰기회 사무실에서 총무 일을 하실 때도 나는 그렇게 대했다고 알고 있는데, 이번에 쓰신 글을 보니 아주 달리 나를 보고 있어 좀 놀랐습니다.

'내가 심부름꾼일 때도 그랬고, 그 뒤에도 적지 않은 우리 회원들은, 선생님 앞에 지도한 아이들 글을 보이거나 회보에 글쓰기를 두려

위한다. 비판을 두려워하지 말자고 말하는 나도 솔직히, 글 쓸 때마다 겁이 난다. 사정없이 휘몰아치는 건 좋지만….'

이렇게 썼는데, 내가 김익승 선생님의 글을 언제 그렇게 자주 비판했던가, 글로서나 말로서나 도무지 비판을 했다는 기억이 나지 않는데 어째서 이런 말을 하는가 하는 생각이 듭니다. 모르지요. 이것도 내가 못된 말을 많이 해 놓고도 다 잊어버리고 이러는지 모르니 그런 사실이 있었다면 부디 좀 깨우쳐 주시기 바랍니다.

김 선생님은 자신뿐 아니라 다른 회원들이 나한테 당했다는 말도 썼습니다. 어떤 회원을 두고 하신 말씀인지, 이번 선생님의 글이 편지도 아니고 회원들이 모두 읽으라고 쓰신 글이니 바로 누구를 말하신 것인지 알려 주시기 바랍니다. 내가 회원들이 쓴 글을 비판하기도 하고, 지도한 아이들의 글이라면 더 많이 비판한 줄 압니다. 잘못 비판했다면 마땅히 비판을 받아야지요. 나도 얼마든지 잘못할 수가 있으니 부디 알려 주시기 거듭 부탁합니다. 우리 회보는 이와 같이 교육을 의논하고 글을 의논하는 자리인 줄 믿습니다. 우리 글쓰기회는 무슨 정당도 아니고 장사꾼들 모인 단체도 아니고 친목회 같은 모임도 아닙니다. 그래서 어디까지나 서로 충고하고 비판해야 한 걸음이라도 앞으로 나아갈 수 있다고 봅니다. 적당하게 서로 칭찬해 주고, 그래서 회원만 자꾸 많이 모으고… 그러면 회비 수입도 많아서 좋겠지요. 그러나 그래서는 친목단체요 장사꾼 모임이요 정당밖에 아무 것도 아닙니다. 우리 나라에서 거의 모든 분야의 단체가 그렇게 되어 있는 것처럼 우리도 거기서 벗어나지 못합니다. 그런 단체를 만들기 위해서 우리가 모였을까요?

우리 글쓰기회가 그래도 이 정도라도 우리 교육계는 물론이고 사회 전체에 어떤 조그만 등불 노릇을 할 수 있게 된 것은 다른 어떤 모임에서도 찾아보기 어려운 냉혹한 자기비판의 정신이 있었기 때문이라고 나는 생각합니다. 나도 너무나 온전치 못한 사람이기에 세상을 적당하게 살고 싶은 마음이 언제나 나를 유혹합니다. 이제 이런 나이에 무슨 별난 희망이 보인다고 글쓰기회에 잡혀서 다달이 회원들 듣기 싫어하는 글이나 쓰면서 세월을 보내야 합니까? 나 혼자 어디 숨어서라도 쓰고 싶은 다른 글을 쓰면서 남은 인생을 살고 싶습니다. 내가 못하면 이제 좀더 젊은이들이 나서서 잘 해 주어야 하겠지요. 그런 분이 없다면 없는 대로 그저 그렇게 살 수밖에 없는 것이지, 사람의 역사를 어떻게 꼭 내 생각대로 할 수 있겠나 하는 생각이 절실합니다.

김 선생님은 내 글이 '차갑다'고 했는데, 사람은 따뜻하게 대해야 하겠지만 그 사람이 해 놓은 일을 평가할 때는 감정에 흐르지 말고 어디까지나 냉철하게 살펴보고 분석해서, 잘된 점을 드러내고 잘못된 점을 비판해야 한다고 생각합니다. 이 글을 쓰기 전에 김선생님이 쓰신 글을 다시 또 읽어 보았습니다. 그리고 내가 쓴 글도 또 한 번 읽어 보았습니다. 그런데 내가 쓴 글이 아주 잘못 썼다고 고쳐야 한다는 생각은 들지 않았습니다. 물론 미술 교사가 따로 있어서 그 선생님이 지도한 것을 아이들이 일기로 썼다는 사실을 미리 알았더라면 참고가 되었을 것입니다.

문제는 내가 잘못된 지도를 했다고 비판한 것이 결국은 알고 보니 김익승 선생이 지도한 것이 아니고 미술 교사가 지도한 것인데, 김선생은 그 미술 교사가 지도한 것까지도 옳다고 변호한 것입니다.

그 미술 선생님은 김 선생님이 쓰신 대로 아주 열성을 기울여 지도했겠지요. 그래서 아이들이 감동했던 모양입니다. 교육에서 열성·열의란 것은 없어서는 안 되는 아주 중요한 조건입니다. 하지만 열성이나 열의만 가지고는 참교육이 안 됩니다. 나는 일제시대에 일본의 군국주의 교육을 할 때나, 해방되고 나서 오늘날까지 두 조각난 땅에서 교육을 할 때나, 언제 어디서고 가끔 아주 순진하고 열성에 넘친 교사가 교실에서 아이들을 감동시키면서도 결코 칭찬할 수 없는 그릇된 교육을 신이 나서 하는 것을 보았습니다. 나는 김익승 선생이 잘못된 관념 교육을 했다고 말하는 것이 아닙니다. 그 아이 글에 나타난 미술 교사의 수업에는 분명히 문제가 있다고 말하지 않을 수 없습니다. 물론 수업을 할 때 쓴 자료가 잘못된 것이고, 그런 자료를 제대로 보는 눈이 없었기 때문이지요. 김익승 선생님이 그 미술교사가 열성인 점을 칭찬하는 것은 좋은데, 잘못된 자료를 써서 아이들의 생각을 잘못되게 이끌어 간 것까지 변호한다는 것은 옳지 못하다고 봅니다. 김 선생님은 글 첫머리에서 '비판의 근거가 틀리거나 주관에 치우쳤을 때는' 하고 쓰기 시작하셨는데, 내가 쓴 글에서 근거 없이 말한 것이 무엇인지, 주관에 치우친 것이 무엇인지 모르겠습니다. 그것을 좀 알려 주십시오.

그런데 김 선생님은 글의 마지막에서 더욱 중대한 말을 해 놓았습니다.

'우리가 글쓰기 회원으로 글쓰기 지도를 잘 해서 (줄임) 아이들 사랑이 넘치는 사람이면 훌륭한 글쓰기 회원이 아닐까.'

이 대문입니다. 여기서 선생님은 내가 언제나 힘들여 말해서 이제는 우리 회원들이 누구나 상식으로 알고 있는 우리 회의 목표와 정신을 아주 곱새기고(곡해하고) 있는데, 아무리 생각해도 이것은 일부러 쓰신 것 같아 여간 서운하지 않습니다.

아이들에게 글을 쓰게 하는 목표는 삶을 가꾸는 데 있고, 삶을 가꾸어야만 글도 제대로 쓰게 된다.… 우리 어른들의 글쓰기도 마찬가지다. 귀에 못이 박히도록 했다는 소리가 이것 아니던가요? '불쌍한 아이들' 이란 제목으로 쓴 그 아이의 글을 논의한 말에서도 이런 글쓰기 교육의 목표와 정신에서 조금이라도 어긋난 말이 한마디라도 있었던가요?

그런데 선생님은 마치 내가 보기 좋은 글을 써 주기를 바라고, 그런 글쓰기 지도를 권장하는 것처럼 말하고 있습니다.

위에서 지적한 대문에 '글쓰기 지도자'란 말이 나옵니다. 이 말을 어떤 뜻으로 쓰셨는지 잘 모르겠습니다. 나처럼 실제 아이들 교육은 안 하고 글쓰기 교육을 바로잡는 운동 같은 것을 하는 사람을 가리키는지, 아니면 바로 아이들을 가르치는 사람을 말한 것인지 모르지만, '우리 모임이 뛰어난 글쓰기 지도자를 기르는 것만이 목적이라면…' 했는데, 우리 모임의 목표는 회칙 제 1조에 밝혀 놓았습니다. 지난날 글쓰기회 총무 일까지 맡아 본 선생님이 글쓰기회의 목적을 모를 턱이 없는데, 어째서 이런 말씀을 하시는지요? 회칙에 밝혀 놓은 목적과는 아주 다르게 우리 회가 변질이 되었다고 보시는지요? 더구나 그 다음 말에는 더욱 놀라겠습니다.

'… 글 잘 쓰는 회원만이 회원 자격이 있다면 나부터 모임을 떠날 수밖에 없다.'

내가 언제 글 잘 쓰지 못한다고 선생님을 나무란 적이 있었던가요? 이번 아이들 글을 합평할 때 그런 말을 하거나 글로 썼던가요? 선생님 말고 다른 회원들에게라도 그런 말을 했던가요? 다른 회원들에게 글쓰기 얘기를 했다면 제발 글을 유식하게 쓰지 말고, 어렵게 쓰지 말고, 아이들 글만큼 써 달라는 말밖에는 꿈에도 한 적이 없는 줄 압니다. 이런 말이 '뛰어난 글쓰기 지도자를 기르는 목적'이 되는 말인가요?

김 선생님! 이 편지글을 처음 시작할 때는 그저 원고지 다섯 장 안으로 간단하게 적겠다고 했는데, 쓰다가 보니 자꾸 말이 많아지고 흥분도 되어 김 선생님 듣기에는 좋지 않은 말이 되어 버렸습니다. 이러다 보면 앞으로 만나도 서먹서먹한 사이가 될 것 같아 이만 쓰겠습니다. 쓴 것만 해도 너무 말이 많았네요. 개인 문제가 아니고 회 전체의 문제, 교육 문제가 되고 보니 어쩔 수 없이 이렇게 말하게 되었으니 부디 이해해 주시기 바랍니다.

(1995. 10. 15)

아쉬움으로 남기겠습니다 (이오덕 선생님께)

어떻게 하는 것이 선생님 뜻을 바르게 잇는 것일까 늘 마음 조이
며 선생님을 대할 때마다 말 한 마디, 행동 하나도 조심하며 지냈습니
다. 두 해 동안 총무 노릇 제대로 못한 걸 괴로워하며 짐을 벗은 제게,
"김 선생님이 또 총무가 돼주셔야겠다" 하실 때도, 선생님께 쓸모 있
는 사람이 된다는 기쁨에 다 망가진 몸으로도 기꺼이 그 일을 또 맡았
지요. '남이 못하는 입바른 소리도 해드리며, 대학원 공부한다는 마음
가짐으로 선생님의 모든 걸 배우고 싶어서' 총무 일을 했던 것이 '유
달리 신경이 날카로워' 선생님을 오히려 불편하게 해드렸군요. 제가
조금도 마음에 둔 적 없는 말까지 하시며 섭섭해하시는 걸 보니, 제
마음이 제대로 전해지지 않은 것 같아서 안타깝습니다.

제 글 어디에도 선생님이 틀렸다고 쓰지는 않았습니다. 예전에 서툰 문집이라도 보여드리면, "허 참, 편집이 재미있네요! 그런데 시를 이렇게 쓰면 안 되지요.…" 하시던 선생님이 그리워서, 조심스럽게 작은 아쉬움을 전해드리고 싶었고, 선생님이 기쁘게 받아주실 줄 알았습니다.(선생님 마음에 안 든다 해도 귀담아 들어는 주실 줄 알았는데…) 이제 아쉬움은 그냥 '아쉬움'으로 남기고, 앞으로 선생님이나 누가 이 글에 이어 또 글을 써도, 저는 이 글을 마지막으로 여기에 대한 글을 더 안 쓰겠습니다. 길게, 조심스럽게 쓰다가 또 오해나 살 것도 같고 해서 선생님이 물으신 것에 짧게 대답만 적습니다.

선생님이 이전에 제 글을 비판했다고도 쓰지 않았습니다. '적지않은 우리 회원들' '마음 약한 회원들'이라고 썼고, 분명히 '어쨌거나 그 회원이나 그런 정신을 가진 사람들이 잘못이다'라고 했는데, 선생님은 '당했다'는 과격한 말까지 쓰셨더군요. 제가 말한 사람은 1991년 3월 회보(제 35호)에 〈글쓰기부 운영계획〉을 썼던 이인구 선생님입니다. 부산 연수회 때 글모음을 내밀었다가 된통 혼난 어느 학교 밖 선생님이나 박홍규 선생님 같은 분들 생각도 났습니다. 그밖에 시시콜콜한 얘기는 줄이겠습니다.

제가 미술교사의 수업을 변호했다고 하셨는데, 그 시간의 수업 방법은 분명히 잘못됐습니다. 그렇지만 그 선생님은 언제나 아이들 처지에 서려 하고, 잘못을 알면 배우는 자세로 얼른 고쳐서 믿음이 가는 분입니다. '졸렬한 의식화 교육'이라고까지 하신 것이, 제가 아는 그 선생님의 다른 시간 모습에 비춰볼 때 지나치지 않나 싶어서 드린 말일 따름입니다. 그리고 저를, 미술 수업이 아니라 그 글을 문집에 실은 사람이라고 해서 똑같이 보시는 것 같아 여쭈어 본 말이구요.

'근거' 이야기인데, 글을 이해하는 데 도움을 준다고 보낸 참고 자료가 빠지고, 이 글을 실을 때 제 자신이 좋은 글이 아님을 알고 실었기에 저로서는 조금 억울하고(글쓰기 [회보 7회] 50쪽, '글쓰기 지도에 온통 힘을…(줄임)…아니라는 말이다.' 참고), 다른 글로 합평을 했더라면(글쓰기 [회보 7회] 51쪽, '이 아이 글 한 편…(줄임)…옳다고 생각한다.' 참고) 많은 공부가 됐을 텐데 하는 겁니다. '주관'에 치우쳤다는 것도, (아무리 서투른 수업이라 해도) 아이에 따라, 상황에 따라 얼마든지 다르게 받아들일 수도 있을 텐데 모두 똑같이 나쁘다고만 할 수 없다는 게 조심스런 제 의견입니다.

지난번 제 글과 이 글을 흥분하지 않으시고 읽으시면 제 마음을 다 아실 겁니다. '뛰어난 글쓰기 지도자'란 말은 '오로지 좋은 글만 잘 써내게 하는 지도 능력이 뛰어난 사람'을 생각하며 썼다는 말씀을 드리고, 제 생각도 선생님과 크게 다르지 않다는 것으로 글을 맺습니다. 선생님 듣기 거북한 말 하기가 참으로 힘이 드네요. 선생님, 부지런히 배우겠습니다. 일도 좋지만 건강을 돌보시며 쉬어가시면서 하세요.

(1995.11.19.)

회보 글로 상처받은 이야기[9]

　　편집부한테 97년 9월 회보 〈회원 글마당〉에 실을 원고를 부탁하는 글을 받았습니다. '아이들하고 지낸 이야기든 살아가는 이야기든 자유롭게' 써도 좋다고 합니다. 무얼 쓸까, 쓰긴 뭘 써 써 봤자 제대로 실어주기나 할라고, 아니야 그래도 써야지,… 많은 생각이 왔다갔다 하네요. 이런 생각들 때문에 1996년 여름엔가 〈살아가는 이야기〉 글을 써 보내지 않았고, 그러다가 그 해 가을에는 '내가 너무 속 좁은 건 아닌가'하면서 〈1·2학년-이 달의 글쓰기〉 글을 썼지요. 그런데 지금 이 글을 쓰면서는 또, 바보짓(지난 일을 들추어내는 일) 해서 상처나 받고,

....

9　한국글쓰기교육연구회 〈1997년 9월호〉에 실린 글

몸과 마음만 더 힘들어지는 게 아닌가 걱정도 됩니다. 어쨌든 이제는 써도 될 때가 된 듯해서 씁니다.

지난 1995년 12월(9호) 회보에 실릴 줄 알고 써 보낸 글이 아무런 양해도 없이 실리지 않은 적이 있습니다. 원고를 보내고 틀림없이 글이 실릴 거라는 대답까지 들었는데…, 글쓰기회에서 세상에 이런 일도 생길 수 있다니…. 저는 상식대로, '사람은 따뜻하게, 한 일은 냉정하게(김익승 선생님께)'라는 글에서 저에게 물으신 중요한 몇 가지는 반드시 대답을 해 드려야 옳고 그게 예의라고 생각해서, 꼭 할 말만을 짧고 (오해 받을까 걱정도 되고 해서) 아주 조심스럽게 써 보냈는데…. 회보 만드시는 분들은 제가 회보를 받아 보고 나서 전화로 항의할 때까지 아무런 사정 설명도 없었습니다. 저는, "다음 회보에 이 일의 경위를 실어달라" "사과글을 실어라" "마음대로 빼버린 글을 다음 호에라도 꼭 실어달라"… 이 가운데 한 가지만이라도 들어주길 요구하다가 이마저 안 되면 글쓰기회를 탈퇴할 수밖에 없다는 말(회보 15호 이상석 선생님 머리글 참고)까지 했던 것입니다. 어떤 분은 그런 저에게 "이 사람아, 어디 꼭 대답을 써야만 대답인가 가만히 있는 것도 대답일 수 있는 걸세" 하시대요. 그 분 뜻도 잘 알지만 저는 제 생각이 잘못 됐다고 생각하지 않습니다.

이 일은 제 마음에 큰 상처가 됐습니다. 이오덕 선생님과 글을 주고받던 1995년 2학기 동안은 마음은 답답해도 견딜 만했는데, 조심스럽게 써 보낸 글('아쉬움으로 남기겠습니다(이오덕 선생님께)'이 이렇게 되고 보니 못나게시리 겨우 하고 있는 선생 노릇까지 더 힘겨웠습니다. 진정으로 존경하는 분을, 배우는 사람으로서 '이게 아닌데…' '조금 달리 생각할 수도 있지 않을까' 할 때도 무조건 따라만 가는 것이 옳은 것인지 저는 잘 모르겠습니다. 선생님 뜻을 어떻게 하면 제대로 따를 수 있을까 늘 궁리하고, 글쓰기회를 걱정한다는 게 이리 되었군요. 제 나름으로는 그 당시 우리 회보에 아쉬웠던 토론의 분위기를 불러일으키고도 싶었는데….

시간이 지나가도 선생님께 서운한 것이 있습니다. 주고받은 글 내용에 대해서는 더 이상 말하지 않겠습니다. 제가 진짜로 괴로운 것은 회보에 제 글이 실리지 않은 일도 그렇지만, 뒤처리가 우물쭈물 끝나 버린 것입니다. 선생님 말씀대로 '사람은 따뜻하게, 한 일은 냉정하게' 처리하는 것이 우리 모임을 위해서도 옳은 일이 아닌가요? 그런데 선생님께서는 이 모든 과정을 대수롭지 않게 여기시지 않았나 싶습니다. 어쨌든 선생님은 8호 회보에서 제게 몇 가지 질문을 하셨고, 저는 그 대답을 쓰지 않은 사람이 돼 버렸습니다. 물론 글 쓰는 사람의 중요한 정도에 차이는 있겠지요. 그렇지만 논쟁 중인 한 쪽의 글을 그런 식으로 **뺀다**는 것은 독자(회원이 대부분이겠지만 일반사람들도 많은 걸로 알고 있습니다)의 판단을 흐리게 하기도 하고, 또한 독자나 글 쓴 사람에 대한 올바른 배려도 아닌 줄로 압니다. 결과도 중요하지만 그 과정이나 방법이 어떠했는가는 더 소중하다고 선생님께 배웠습니다.

들기에 가슴 아픈 말들을 감정에 휩싸이셔서 많이 하셨는데, 제가 '신경이 유달리 날카로와' 그런 거겠지 하고 이제는 가슴 속에 덮어두 겠습니다. 14호 회보에서 김종만 선생님 이야기를 쓰시다가 느닷없이 또 제 이야기를 꺼내셨는데(이 내용도 자초지종을 제대로 모르시면서 마음대로 오해를 하신 거지만) 불뚝불뚝 그러지 좀 마셨으면 좋겠습니다.

저는 지난해 말부터 간이 나빠 고생하고 있어요. 23년만에 처음 교과전담교사를 맡았고, 병가로 두 달을 쉬기도 했지만 아직도 큰 차도가 없어요. 아픈 동안 겪은 일들을 글로 쓰고 싶지만, 가슴의 응어리부터 풀어야 겠기에 이런 글을 씁니다. 존경하는 분께 입바른 말을 하기가 이렇게 힘겨운 건지…. 선생님의 이론이 늘 옳다는 생각은 변함이 없습니다. 이젠 좀 무신경하고 '작은 아쉬움' 따위는 안 쓰고 싶습니다.

(1997. 8. 18)

가슴에 묻어두었던 말들[10]

　아홉해 전 추운 겨울, 기막힌 인연으로 한국글쓰기교육연구회 회원이 되던 날이 생각난다. 사표를 써서 가슴에 품고 다니며 더 이상 선생 노릇에 희망이 안 보이면 죄 더 짓기 전에 어서 떠나야지 하면서 헤매다가 만난 이오덕 선생님과 서울 경기 지역 글쓰기 선생님들. 학교에서 혼자 부대끼며 고민하다가 글쓰기회와 가슴 벅차게 만나니 너무나 기뻐서 며칠 밤을 제대로 잠조차 잘 수 없었다. 우울하던 내 얼굴에 화색이 돌고 특히 회원이 된 지 4년째인 1988년에 만난 아이들과는 뭐든지 하는 일마다 손발이 척척 맞으니 정말 학교 생활이 신

----

10 한국글쓰기교육연구회 〈1994년 2월호〉에 실린 글

바람 났다.

　선생 노릇이 마냥 신나기 시작할 무렵에 심부름꾼이 되고, 그해에 전교조가 생기고, 총무란 놈이 각서를 쓰고…. 교육계가 모두 엄청난 고통을 겪을 때 우리 글쓰기 회도 흔들릴 수밖에 없었다. 그래도 없는 기운들을 모아 교사와 학부모를 위한 글쓰기 교실을 열고, 몇몇 선생님들과 함께 전국 이곳저곳으로 참 삶을 가꾸는 글쓰기를 알리기 위해 뛰어다닌 일이 새롭게 떠오른다. 회원들도 지쳐서 활동이 시들 해지고, 함께 심부름하던 사람들도 하나둘 모두 환자가 되고. 회원들을 꾸짖는 이오덕 선생님 말씀에 모두들 가슴을 쥐어뜯으면서도 아무 일도 제대로 못하고 세월만 흘려 보냈다.

　무능한 사람(또 윤구병 선생님이 '비관론 4인방'어쩌구 하시겠지?)이 그 어려운 4년 동안 제 주제도 모르고 심부름꾼으로 두 번이나 맡았으니…. 평회원으로 되돌아와 1년이 지났는데도 정말 모임에서 많이 멀어진 느낌이고 어떤 때는 아예 발을 끊고 싶은 마음이 들기까지 한다. 우리가 하는 일에 믿음이 사라져서도 아니고 모임을 사랑하는 마음이 식어서도 아닌데. 그렇지만 혼자만 글쓰기회를 걱정하는 것처럼 안달하면서 회원들 가슴을 아프게 하고, 융통성 없고 남과 잘 어울리지 못하는 성격 때문에 친하게 지낼 수 있었던 많은 사람들과 멀어진 것이 속상한 건 사실이다.

우리 모임이 더 이상 움츠러들 수는 없다. 지난 1년 동안 새 집행부 심부름꾼들이 온몸으로 뛴 덕분에 지역 모임의 틀은 어느 정도 짜여진 걸로 알고 있다. 또 연구위원회가 만들어져 어려운 속에서도 연구위원 여러분들이 고삐를 늦추지 않고 애쓰고 계시다. 지나간 얘기를 하나 하겠다. 몇 년 전 어느 회원이 우리 모임에 큰 해를 끼친 일이 있었다. 그 일을 의논하려고 여러 선생님들이 모여 임시회의를 열 때 일이다. 대부분 선생님들이 인간적으로는 안타깝지만 그 일의 진상을 밝히고 냉정히 책임을 물어야 한다고 말씀하셨다. 그런데 몇 분이 그때까지 조사한 명백한 자료를 보고도 "일부러 그랬겠느냐" "너무 가혹하지 않느냐" "왜 한 사람을 매장하려 하느냐" 하며 '인정론'을 내세우셨다. 그 말을 듣고 내 자신을 되돌아 보고 마음이 조금 흔들리기는 했지만, 밝혀진 모든 진실 앞에서 냉정해질 수밖에 없었다. 연구도 좋고 조직도 좋지만 너그러울 때와 냉정할 때를 가리지 못하고 남의 눈치나 보면서 어떻게 이 어려운 때에 참 선생 노릇을 할 수 있겠나. 껍데기보다 알맹이를 생각하자. 수백 수천 명으로 회원이 느는 것도 좋지만 지금 있는 회원들이라도 글쓰기 농사에 참 일꾼들이 되는 것이 먼저가 아닐까.

이제 학교 밖에서 고생하시던 우리 모임 선생님들도 대부분 아이들 곁으로 돌아오신다. 우리 모임에 기둥과도 같은 이분들이 우리 모임에 여러 가지로 큰 힘이 돼주실 거다. 떠나실 때와 다를 바 없는 학교를 보고 또 상처받지 마시고 초롱초롱한 아이들 눈망울을 보며 꿈속에도 그려보던 멋진 교육을 맘껏 펼쳐 보이시길 바란다.

늘 어려웠지만 지금도 어려운 때이다. 심부름꾼들은 그 무엇보다도 자기 희생과 봉사를 할 때가 지금이라고 본다. 직책을 내세우고, 권위를 찾고, 스스로를 선전하는 그런 사람은 아무리 똑똑해도 그런 일을 해서는 안 되겠지. 무엇보다도 그 일을 하면서 어떤 댓가나 남이 떠받들어 줬으면 하는 '사심(私心)'도 떨쳐버려야만 하겠지. 나도 혹시 그랬을지 모르지만, 그랬다면 회원들은 바로바로 날카롭게 비판을 해야 한다. 회원들도 글 쓴 것이 엉망이라서, 회원 과제를 못 해서, 애써 만든 학급문집이 부끄러워서, 남이 자신을 비판하는 것을 두려워 말아야겠다. 어렵겠지만 이 작은 용기마저 없으면 글쓰기회에서 무엇을 배울 수 있을까. 글쓰기 교육에 대한 굳은 믿음이 있는 회원들은 자기에게 필요한 것만 다 배웠다 싶으면 발길을 끊는 철새 같은 짓은 하지 않을 거다. 스스로 끊임없이 배우고 고민하고 실천할 거다. 이호철 선생님이 하고 계신 모든 것들이 누가 가르쳐주고 이끌어 준 것인가? 먹이를 잡아서 친절하게 입에 넣어주기 바라는 아기새 같은 마음이 제일 무섭다.

오랜만에 쓰는 글이 또 '징징' 짜는 이야기나 안 됐는지 모르겠다.

지난 잘못을 사과하고 우리가 하는 일이 잘 되었으면 좋겠다는 바람이나 쓴다는 게 또 이리 되었다. 나는 가만히 앉아 놀면서 좋은 세상이 틀림없이 올 거라는 무책임한 사람들 말을 믿지 않는다. 우리가 바라는 좋은 세상은 우리 모두가 눈을 부릅뜨고 정신을 바짝 차리고 제 할 일들을 열심히 아주 열심히 한다면 혹시 올지도 모른다 하고 생각하며 산다. 그러고 보니 나도 완전히 비관론자는 아닌 것 같다. 지친 몸과 마음을 추슬러서 올해도 아이들 앞에 서서 신바람을 일으키려 애써 볼 거다.

(1994. 1. 20)

다시 한 번 스스로 불태워 달려가자[11]

    우리 학교는 2월을 하루 남겨놓은 오늘에야 늦은 담임 발표를 했다. 학년 말에 학교장이 퇴직하는 학교에서 주로 일어나는 이런 일을 두고 입바른 말 하는 것도 올해는 그만두었다. 온유하고 조리 있게 말하라지만 그게 어디 쉬운가. 차라리 내 마음이나 잘 다스리고, 그 일을 글감으로 글 한 줄이라도 쓰기로 했다.

    교사 인사 문제만이 아니다. 선생 노릇 하며 겪는 온갖 일들을 '본 대로 들은 대로 한 대로' 정성껏 글로 쓰는 바람이 불면 좋겠다. '벌떡' 일어나서 말해 보고, 차분하고 조리 있게도 말해 보고, 아무 말도 안

11 한국글쓰기교육연구회 〈2007년 3월호〉에 실린 글

하고 꾹꾹 참기도 해보지만, 말은 그때뿐, 참는 것도 마음의 병이 될 뿐, 조금만 지나면 영락없이 이전으로 돌아가 버리는 우리의 학교.

학교에서 싸운 이야기를 털어놓으면 "말해 봐야 소용없어요. 차라리 그 얘기를 글로 쓰세요." 하시던 이오덕 선생님 말씀이 백 번 옳다. 잘 알면서도 나는 글보다 말이 자꾸 앞서려 한다.

《이 아이들을 어찌할 것인가》를 다시 펼치니 삼십 년 전에 선생님 가슴을 답답하게 하던 일들이, 삼십 년 지난 지금도 달라진 것 같지만 근본이 똑같은 까닭으로 우리를 답답하게 한다. 선생님은 이 책 머리말에서 "나는 폴란드의 그 학자의 백분의 일의 양심이라도 가지고서 이 글들을 썼는지 생각할수록 부끄럽고 죄스럽다."고 하셨지. 책을 펴내실 때 이름도 밝힐 수 없던 '폴란드의 그 학자' 야누쉬 코르착, 그를 알게 해주신 이오덕 선생님의 양심을 생각한다.

교직에 있으면서 나는 내 양심과 교육 현실에 대한 절망감 때문에 늘 가슴에 사직서를 품고 다녔다. 이오덕 선생님을 처음 찾아뵈었을 때, 그리고 거기서 여러 글쓰기 회원들을 처음 만났을 때 나는 교육의 희망을 보았다. 그 뒤 글쓰기 회원으로 열심히 살면서 열심히 싸우고 열심히 가르쳤다고 생각한다.

하지만 여러 해째 건강이 좋지 않아 고생하느라 글쓰기회 일을 열심히 할 형편이 되지 못했다. 서울경기 모임에서 후배들과 교실 이야기를 나누면서 지내는 정도였다. 이제 간신히 몸과 마음을 추슬러 교실에서 아이들 가르치며 후배들과 교실 이야기를 나누며 지내려는데 올해 사무총장이라는 무거운 짐을 맡았다.

앞으로 할 일을 생각하며 회보 1, 2월호를 보니 서로 다른 생각으로 마음 아픈 이야기가 오가고 있다. 이 일을 어떻게 풀어야 하나? 생각할수록 마음만 무겁다. 그래도 우리 스스로 풀어야 할 문제다. 글쓰기회가 우리 자신의 문제조차 풀지 못한다면 어떻게 우리 말을 살리고 우리 아이들을 살리는 일을 할 수 있겠는가.

이 일을 생각하다가 16년 전 우리 모임에 큰 어려움이 닥쳤을 때 이오덕 선생님이 회보에 쓰신 글이 생각났다.

"우리가 하는 일은 그 누가 시켜서 하는 것도 아니고, 그 누구의 흉내를 내는 것도 아니다. 앞서간 사람의 뒤를 따라가는 것도 물론 아니다. 이것은 전혀 새로운 길을 열어가는 것이고, 역사를 창조하는 일이다. 그러니 참으로 어렵고 힘이 든다. 아무도 시키지 않았는데도 스스로 그 마음에 불을 지펴 태워가는 정신, 이것이 글쓰기로 하는 교육 운동의 정신이다. 그러니까 적당히 한 몫 끼어서 이름이나 내고 싶어하는 속물 근성을 버리지 못한 사람은 감히 우리 가까이 오지도 못하게 할 일이다.[12]"

참 정신이 번쩍 드는 말씀이다. 1991년 1월에 우리 모임에서 벌어진 회계부정 사건을 둘러싸고 논란을 벌일 때, 선생님은 이렇게 '홀로서기를 두려워하는 회원들에게 따가운 채찍'을 치셨다.

요즘 들어 젊은 회원이 늘어나고, 연수회 참가자 수도 눈에 띄게 늘고 있다. 하지만 사단법인이 되고 나서 처음 열린 이번 총회에 정회원은 전체 정회원의 22.6퍼센트인 스물아홉 사람밖에 참가하지 않았다. 이사회 자료집을 보니, 지난해에 회비 낸 정회원도 지지난해보다 마흔두 사람이 줄었다. 정작 우리 모임의 중심이라 할 정회원들의 참여가 너무 부족하다.

풀어야 할 문제만 있는 것은 아니다. 각 부서에서 의욕을 가지고 세운 사업 계획을 보니 우리가 해야 할 일이 참 많다. 아이들 시모음과 회원 글모음, 글쓰기 교육 길잡이 책도 내야 하고 직무 연수, 자율 연수, 글쓰기 공부방도 열어야 한다. 지역모임 활동도 지원해야 한다. 회보도 더욱 알차게 꾸리고 사무실도 잘 관리해야 한다. 이 모든 일들을 여러 회원들과 함께 의논해 가면서 무리하지 않을 만큼 진행

....

12 이오덕, '스스로 불태워 달려가는 횃불이 되어야' 〈글쓰기교육〉 34호

할 것이다.

다시 이오덕 선생님 글 가운데 한 구절을 찾아본다.

"우리 글쓰기회는 참된 교육을 실천하고, 그 실천한 것을 연구하고, 다시 연구한 것을 실천하도록 하는 모임이다."

모임을 안으로 단단하게 다지고, 실천을 한 단계 끌어올리는 한 해가 될 수 있도록 새 집행부는 온 힘을 쏟을 것이다. 서울에서 인천으로, 인천에서 강화도로, 강화도에서 다시 강원도 양양으로 옮겨간 노미화 선생님. 전화로 "놀러 와, 놀러 와요!" 하는데도 아직 못 갔다. 도서출판 글과 그림에서 펴낸 서른 번째 《글과 그림》을 따뜻하게 읽다가 노미화 선생님 글을 읽는데, 가슴에 맺힌 응어리가 그대로 남아 있다. 사무총장 같은 거 맡지 않았을 때 아무 생각 않고 달려갈 걸, 미루다가 지금 가려니 나는 그대로인데 생각이 많다. 무슨 말을 어떻게 할까?

총회 때 말했듯이, 나는 내 마음이 없다. 회원들 속으로 들어가 회원들이 가장 많이 바라는 걸 찾아내고 싶다. 회원들이 지닌 그 마음 밭에 제발 '미움'만은 자라고 있지 않기를 간절히 기도한다. 이오덕 선생님 돌아가신지 네 해째, 벌써 많은 시간이 흘렀다. 이제 응어리를 풀고 흩어진 우리 마음을 모으는 데까지 모아야 한다. 지나치게 서두르지 않고 쉬엄쉬엄, 서로를 끊임없이 배려하면서.

윤태규 선생님이 며칠 전에 누리집에 올리신 글을 읽으니 내 심정과 똑같다.

"글쓰기회와 관계없이 인천에도 한 번 가고 싶고, 속초에도 가보고 싶고, 부산에도 가보고 싶습니다. 그리고 반가운 사람들을 만나보고 싶습니다. 거기에는 제게 올바르게 선생 하는 법을 가르쳐 주신 분들이 계시기 때문입니다. 저에게 글쓰기회라는 것은 이오덕 선생님, 각각의 글쓰기 회원, 거기에다 글쓰기 정신을 다 아우르는 말입니다. 마음의 상처란 사람 사이의 거리라고들 합니다만 그래도 더 이상 큰 상처를 주고받는 일은 없었으면 좋겠습니다." (윤태규, '나와 글쓰기회' 2007. 2. 25.)

한편으로는 내 마음이 없이 흩어진 우리 회원들 마음을 하나로 모으는 일에 앞장서면서 다른 한편으로는 우리 말을 가꾸고 우리 아이들의 삶을 가꾸는 글쓰기 교육을 회원들과 함께 열심히 하고 싶다. 이오덕 선생님 말씀처럼 "글쓰기로 하는 교육의 길은 자기를 불사르고 끊임없이 거듭나는 삶의 길, 창조의 길이다."

(2007. 2. 28.)

더 외로워야¹³

이른 새벽 차를 몰고 올림픽대로를 달리는데, 뭔가 쌔액 지나간 다. '뭐야!' 이름도 잘 모르는 외제 차가 전조등에 비상등까지 켜고 S 자를 그리며 미끄러져 간다.

'아, 나는 죽었다 깨어나도 저렇게 차를 몰 수 없겠다!'

'무섭다!'

규정 속도보다 조금 느리게 조심조심 운전해서 교회로 간다. 요 몇 해 동안 거의 날마다 새벽기도 가는 내 모습이다. 아내에게 이끌 려, 아이들이 좋아하니까, 다니다가 어떤 날은 나 혼자도 간다. 처음

---

13 한국글쓰기교육연구회 〈2005년 7월호〉에 실린 글

엔 어색하고 귀찮기도 했는데 기도한다기보다 하나님과 마주이야기를 하러 간다. 남들이 소리 지르며 팔을 들어 올리고 간절한 기도를 할 때 나는 하나님께 '이 분노를 어떻게 견뎌야 합니까?' '이 일을 어떻게 해결해야 옳은가요?' 대답도 안 주시는데, 혼자 묻고 또 물은 적이 많다. 그래도 위안이 되었다. 아무리 늦어도 새벽 다섯 시면 벌떡 일어나서 기도 길에 나서고, 어려움이 닥쳐도 예전보다 평화로이 헤쳐 나가는 걸 보면 하나님이 응답해 주신 게 아닐까. 마음을 다스리고, '나' 아닌 누군가를 위해 진정으로 기도하게 해 주시는 하나님 은혜를 절실히 느낀다.

이오덕 선생님이 야속하고 내 몸은 힘들고 해서 한동안 발길을 멀리 하다가 돌아가신 뒤에야 속 좁은 나를 뉘우치며 선생님 가르침을 다시 찾아 읽는다. 선생님 흔적을 찾아 떠나는 문학기행 길. 가는 곳 대부분이 잡초로 뒤덮인 폐교가 되어 쓸쓸하기만 하다. 더러 누군가가 쓸모 있게 관리하고 있는 걸 보면 생명을 느낀다. 청리초등학교 제자들을 만났을 때는 내 또래인 그들과 얼른 동무하자 하고 싶었다. 이십 리 삼십 리 산골길을 몇 시간씩 걸어가야만 하는 선생님의 학교, 마을들. 선생님이 "이 세상 그 어느 나라 그 어느 땅보다도 사랑한다."시던 못난 사람들이 사는 '바드레, 한실, 샛마, 웃마, 아랫마'의

《일하는 아이들》이 살던 대곡마을 대곡분교 자리에서 산골문화제를 열었다고 한다. 그곳에서 "감자나 먹으면서 한 알의 감자처럼 살다가 저 산 언덕에 묻히고 싶다."시던 선생님. 선생님 흔적을 더듬다가 선생님께 조용히 여쭙는다.

'선생님, 이 산골짝에서 얼마나 외로우셨어요?'

'그런데 저, 이럴 땐 어떡해야 하나요?'

선생님을 자주 뵐 수 있던 시절, 선생님께 학교에서 이런저런 일로 부딪치며 힘들어하는 이야기를 하면,

"그런 거 너무 신경 쓰지 마세요. 다들 제정신이 아닙니다. 너무 잘하려고 하지 말아요. 상식만큼만 하면 됩니다." 몇 번이나 이런 말씀을 하셨는지 모른다. 그래, 그러려고 애쓰는데도 그게 쉽지 않다. 비싼 졸업사진첩 문제 하나를 해결하는 데 꼬박 40일이 걸렸다. 동료들 뜻을 모으고, 관리자를 설득하느라 마음도 몸도 지친다. 처음 생각보다 한발 물러서고, 교장 선생이랑 내키지 않는 악수를 하고 나니 다리가 휘청거린다. 기껏 이걸 얻자고 이 고생을 했나? 같이 교장실을 드나들던 선생이나 같은 학년 사람들 눈길도 따스하지 않다. 처음보다 나아진 게 뭔가. 정말 조금이라도 나아지기는 할까. 모른 체하고 글로 기록이나 하는 게 옳지 않을까 싶다가도 당장 눈앞에서 벌어지고 있는 옳지 못한 일을 참고 견디는 게 더욱 힘들다. 이런 데 기운

쓰느라고 우리 반 아이들 담임 노릇을 소홀히 하고 있다는 것은 더더욱 견디기 힘이 들다.

마음이 울적할 때 백창우의 '꿈이 더 필요한 세상-둘'을 들으면 금세 노래 속에 빠져 들어가 눈물을 주르르 흘리게 된다. 노랫말이 다 좋지만 "삶이 아무리 힘겨워도 꿈을 잃지 말자." 하는 데 이르면 눈물을 주체할 수 없을 때가 많다. 내가 너무 외로움을 타는 건 아닌가. 아니면 외로운 게 좋아서 이 길을 가고 있는가. 그럴 수도 있겠지만 나는 아니다. 이 길 말고 달리 갈 만한 길이 없어서가 맞는 말일 거다. 많이 고단하다. 남이 이끄는 대로 그냥 끌려가고 싶을 때가 있다. 힘겨워하면서도 이 길을 가고 있는 내 모습, 아무리 봐도 어울리지 않는다. 눈물이라도 흘릴 수 있다는 건 아직 덜 외롭다는 증거일지도 모르지. 정말 외로우면 눈물조차 메말라 버리지 않을까. 울고 싶어도 눈물 한 방울 안 나오던 시절, 잠깐이었지만 '그때'가 그리운 건 왜일까.

외로운 길 손잡고 같이 걷던 동무들이 그립다. 요 몇 해 맘껏 못 보고 지내는 형님처럼 너그럽고 진실한 금성이. 늘 우울한 분위기인 나와 다르게 이오덕 선생님께도 어리광으로 반말을 할 수 있는 글쓰기회에 거의 하나뿐인 귀염둥이 동생 같은 노미화 선생. 1993년 1월 글쓰기 겨울 연수회를 마무리하는 이야기를 나눌 때 내가 "올해는 해직된 우리 글쓰기회 좋은 선생님들이 어서 학교로 돌아오셨으면…" 하니 "김익승이가 또 나를 울린다."며 펑펑 울던 기억이 생생하다. 노 선생 웃는 모습, 우는 모습이 그립다. 금성이 텁수룩한 턱수염, 누구 보다 구성지게 '개구리 소리'를 부르는 모습이 눈물 나게 그립다. 그 리고 누구보다 우리 아이들을 하늘처럼 섬기며 살고 있을 그들 생각 만 해도 마음이 훈훈해진다.

갑자기 "온갖 사람들이 원수처럼 욕을 하고, 그런 욕을 말없이 듣 는 이오덕 선생님 같은 분이 '진짜 사람'"이라며, "나처럼 이놈 저놈에 게 다 좋단 말 듣는 놈 중에 제대로 된 놈 하나 없다." 하시던 윤구병 선생님 말씀이 떠오른다. "인간은 외로워야 한다. 외롭지 않은 것은 세상의 속된 일에 몰두해 있기 때문이다." 하시던 이오덕 선생님 말 씀도 떠오른다.

눈물을 흘리더라도 그 눈물이 메마를지라도 더 외로워야, 사람답 게 살아갈 수 있을 것 같다.

(2005.06.30.)

힘보다 사랑

김익승

이오덕 선생님 돌아가시고 2004년 여름에 '어제의 용사들'이 모였습니다. 이름뿐인 모임을 다시 추스르고, 공부를 시작했습니다. 관심 있는 분들이 꾸준히 모여들었어요. 교사가 대부분이었지만, 학교 밖에 계신 분들도 적지 않았습니다. 안성, 인천, 포천 같이 먼 곳에서 오신 분, 아기를 데리고 나오신 분까지 다양해서 늘 이야기가 풍성했지요. 선배와 후배들이 머리를 맞대고 아는 것, 실천한 것들을 아낌없이 나누었습니다. 기타로 늘 흥을 돋우던 영근 샘. 모임 때 제 짐 보따리를 들어주시던 강재규, 정유철 선생님. 근처 소박한 음식점에서 늦게까지 이어지던 뒤풀이. 힘들어도 힘든 줄 모르던 그때가, 행복한 시간이었네요.

저는 모임이 사람 냄새 폴폴 나면 좋겠습니다. ○○네 □□ 이야기, △△가 ▽▽▽하는 이야기들이 끊임없이 오가면 좋겠습니다. 더러 교실을 벗어나고 자연과 세상으로 눈과 귀를 열고, 지친 몸을, 속 좁은 마음을 넉넉하게 하는 자리도 있으면 더 좋겠고요. 이 글을 쓰고 있는 이 시간에도 무슨 병에 걸린 것처럼. 저는 교실 바깥세상, 유난히 때 묻지 않은 자연이 그립습니다. 같은 이야기도 물과 풀과 바위와 나무와 하늘을 벗하며 나누고 싶은 욕심이지요. 후배님들이 못난 저처럼, 부조리한 현실에 몸부림치며 괴로워하는 일들이 줄어들면 좋겠어요. 제가 다시 교단에 선다 해도 비슷할 테지만, 적어도 이전보다 조금은 더 너그럽고 지혜롭게 사람들을 대할 수 있을 것 같습니다. 저 스스로에게는 물론, 마주했던 사람들에게도 상처가 생긴다면 다시 한 번, 아니 두 번 세 번 되돌아보며 사랑으로 실타래를 풀어가도록 할 것 같습니다. 진정한 정의는 힘이 아니고 사랑이라는 걸, 서로를 살릴 수만 있다면 그리하는 것이 옳다는 것을 날이 갈수록 사무치게 느끼고 있습니다.

1988년 3월 서대문 충정로 근처 어느 건물에서 신임교사와 예비교사들을 대상으로 글쓰기 교육에 대한 강의를 하게 되었어요. 이 자리에서 교대를 막 졸업한 이주희, 양은환 선생님을 만났습니다. (이 두 분은 얼마 뒤 글쓰기회원이 되셨고, 부부가 되셨지요.) 아직 공부가 한참 모자란 사람이 이오덕 선생님이 쓰신《삶을 가꾸는 글쓰기 교육》(한길사)

책을 살펴보고 공부해서 준비한 처음 하는 강의가 얼마나 어설펐을까요? 그 뒤 서울경기글쓰기교육연구회와 전국글쓰기 모임에 꾸준히 참여하면서 부지런히 감동 속에서 공부했어요. 2010년 힘든 일이 닥쳐서 모든 바깥 활동을 접을 때까지 전교조, 참교육학부모회, 여러 학교와 교육연수원 같은 데서 강의를 꽤나 많이도 했습니다. 이때 만난 적지 않은 분들이 글쓰기회원이 되고, 전교조 조합원이 되셨지요. 그분들에게 무엇인지 모르지만 빚을 지고 있다는 생각을 늘 해왔습니다. 이 책이 그 빚의 일부라도 갚는 구실을 하면 좋겠습니다.

그리운 많은 얼굴들이 이제는 가물가물합니다. 옛 제자들 찾아보기를 하겠다고 약속해 놓고 아직 시작도 못 하고 있습니다. 사실은 '그리운 선생님들'을 찾아다니고도 싶은데….

고홍수, 노미화, 황금성, 박소양, 강지은, 정상기, 금미선, 이호재,… 선생님.

후배님들, 아이들 앞에 서는 일은 하늘이 주신 축복이라 생각합니다. 후배님께 오늘은 가장 아름다운 봄날입니다. 아낌없이 스스로를 불태우면서 둘레를 밝히고, 아이들을 하늘처럼 섬기실 수 있으면 참 좋겠습니다.

(2022.10.10.)

김익승 선생님 글 편집을 마치며

2011년, 학교를 떠나 몸과 마음을 추스르며 쉬고 있던 때였습니다. 저는 김익승 선생님께 전화로 '선생님 교실에 가서 아이들과 지내는 모습, 글쓰기 지도하시는 모습을 보고 싶다.'고 했습니다. 그때는 별로 친하지도 않았는데 김익승 선생님은 한마디 망설임도 없이 그러라고 했습니다.

김익승 선생님 교실을 앞서 다녀간 사람들이 '선생님 교실에는 없는 것이 없다.'고 해서 궁금했습니다. 뭐가 그렇게 많길래 학교를 옮길 때는 트럭을 불러야 할까.

교실은 온통 아이들 물건으로 가득했습니다. 교실 벽면을 빙 둘러 책, 공책, 놀잇감, 시집과 글쓰기 공책이 빽빽하게 놓여 있고 빈 곳은 수업할 때 선생님이 서 계시는 자리뿐이었어요. 그 자리도 쉬는 시간이면 아이들 차지였습니다. 쉬는 시간이면 아이들은 선생님 자리로

와서 자기 글을 읽어주었고 선생님은 몸을 기울여 아이 말을 들었습니다. 다른 아이들은 자기들끼리 놀잇감으로 놀았습니다. 수업을 두 시간 정도 보고, 아이들과 급식을 먹었습니다. 오후에는 응봉산으로 나들이 가길래 뒤처지는 아이들 챙겨주는 도우미 노릇을 했지요. 그렇게 세 번 정도 더 갔습니다. 선생님은 말보다는 몸으로 보여주었어요. 귀를 가까이 가져가 아이들 말을 듣고, 씨름하자 덤비는 아이를 번쩍 들어 올려 항복을 받아 내고, 다툼이 있을 때는 진심으로 마음을 다독이고 달래셨어요. 교실의 물건은 너무 오래 써서 대부분 낡은 것이었지만 자리를 차지한 만큼 제법 쓰임새 있게 아이들 손에서 제 몫을 하고 있었지요. 선생님은 낡고 오래된 것이지만 아이들이 좋아하는 물건이라 버리지 못한다고 하셨습니다.

선생님 교실에서 '그리움'이라는 공책을 봤습니다. 졸업한 제자들이 선생님을 찾아왔다가 남긴 글이 대부분이었는데, 애틋하고 열렬한, 애처롭고 눈물 나는 삶의 모습이 고스란히 담겨 있었습니다. 선생님을 그리워하고, 고향 같은 교실을 생각하며 힘든 세상살이를 견디는 이야기, 서로를 격려하고 응원하는 이야기가 마음을 따뜻하게 했습니다. 이 기록을 세상 사람들이 본다면 누구든 나쁜 마음을 먹다가도 착하고 평화로운 사람이 될 것 같았습니다. 선생님의 사는 모습이 더 많이, 사람들에게 다가갈 수 있으면 좋겠다고 생각했습니다.

그렇게 생각만 하다가 어떻게 해보지도 못하고 십 년이 지났습니다.

서울 경기 글쓰기회에서 선생님의 글을 모아 엮어낸다기에 그때의 마음이 되살아나 함께 참여했습니다. 지금에야 선생님의 글을 다시 읽습니다.

2021년 1월 한재경, 이선구, 양승일, 임영님이 모여 김익승 선생님 책 만드는 모임을 시작했습니다. 김익승 선생님의 평생 가르침이 담긴 말 '배워서 남 주자'에서 따온 말로 '배남 모임'이라고 이름했습니다. 선생님이 쓰신 글을 모아보니 분량이 많았습니다. 평생을 아이들과 지내며 글쓰기 회원으로 사셨으니 어찌 그러지 않겠어요.

선생님의 글을 세 갈래로 나누었습니다. 집안의 아들, 남편, 아버지, 이후 할아버지로 산 삶이 담긴 글은 '사람 김익승'으로 이름했고, 아이들 앞에 부끄럽지 않은 참 선생으로 살아온 삶을 담은 글은 '가르침'으로, 글쓰기회 일꾼으로 살아온 삶은 '글쓰기'로 이름하여 나누었습니다.

네 사람 중 세 사람 이상 찬성한 글은 군말 없이 남겼고, 두 사람이 찬성하면 쌍방이 설득해서 넣을지 말지 정했습니다. 한 사람만 넣자고 한 글은 그 한 사람이 나머지 세 사람을 설득할 기회를 주어 아까운 글이 버려지지 않도록 했습니다. 작은 종이 하나도 버리지 못하는 선생님의 성품을 알기에 우리도 글을 함부로 버리지 못했습니다.

그러다 보니 글을 고르는 시간이 오래 걸렸습니다. 달에 한 번, 주로 비대면으로 모여 회의를 진행했고 석 달에 한 번 정도 만났습니다. 여름방학에는 온종일 합숙하며 다시 읽고 서로 설득했습니다. 얼추 글이 골라지자 글을 다듬고 고쳤습니다. 선생님이 의도한 생각과 뜻이 달라지지 않는 범위에서 말법에 맞게 문장을 고쳤습니다. 또렷하게 의도가 드러나지 않은 부분은 선생님께 여쭈어보고 보태거나 뺐습니다.

선생으로 산 마흔두 해. 김익승 선생님 책 만드는 일을 하는 동안 선생님께서 쓰신 글을 읽으며 사람 김익승, 선생 김익승, 글쓰기회 일꾼 김익승으로 살아오신 삶의 조각들을 꼼꼼히 들여다볼 수 있었습니다. 보통 사람 냄새가 물씬 나는 '사람 김익승'은 땀 흘려 일하는 사람 편에 서 있습니다. 불평등한 교육 현실에 고뇌하고, 아이들 편에 서지 못한 자신을 스스로 꾸중합니다. 교육의 질곡에서 떨리는 목소리로 잘못된 것을 바로 세우는 모습을 볼 수 있습니다. 선생으로 살면서 아이들을 가르치고 가르침 속에서 배워 함께 성장하는 교실을 봅니다. 뭐니 뭐니 해도 '김익승'은 선생입니다. 아이들 앞에 서 있을 때 빛나 보입니다. 아이들이 익승아, 김익승 바보~ 하고 놀리며 지나가도 웃을 수 있지요. 아이들이 사랑한 선생님, 찾아오는 제자들이 가장 많은 선생님(제 기준으로), 아이들을 하늘처럼 섬기는 선생님의 사랑을 내내 느낄 수 있었습니다. 1985년부터 글쓰기 모임(한국글쓰기연구회)을 시작해 그 다음해부터 꾸준히 거르지 않고 학급문집을 만들었고, 모임 일꾼으로, 때로는 회원으로 배우고 성장했습니다.

계절이 열두 번 바뀌고 다시 봄이 오는 지금, 최종 편집만 남았습니다. 책 표지나 판형을 결정하는 것은 전문가의 손길이 필요합니다. 줄곧 회의를 열고, 닫으며 스무 번째 모임을 이끌어 온 한재경 선생님, 글 하나하나 다듬기부터 편집과 출판까지 긴 안목으로 일하는 이선구 선생님, 글쓰기 회에 매몰되지 않도록 바깥의 시선으로 균형을 잡아주고 책을 펴내는 의도와 흐름을 늘 일깨워준 양승일 선생님.

고맙습니다.

엮은이를 대표하여 씁니다.

임영님 (서울경기글쓰기교육연구회 회원)